액티브 시니어의 방구석 탈출기

모험심은 뇌가 가장 좋아하는 자극이며
미지의 세계를 체험하면 뇌의 공간은 무한대로 넓어진다.

파크골프는 행복지수 최고의 종목이다.

이진호

개인 프로필

1. 첫 번째 꿈 = "무역"
- 1979~1999 무역회사 21년 근무
- 30대 기업 기획실장
- 뉴욕 주재원 & 해외사업팀장
- 초등 입학 시절 국민소득 $80, 수출 $10,000,000
  → 당시 무역만이 살길이고, 나라 사랑!

2. 두 번째 꿈 = "CEO"
- 2001~2013 회사 대표 13년 경영
- 산동성 Qingdao Haiyanze 유한공사 대표
- 당시 어려운 중국 시장 개척의 성공적 사례

3. 세 번째 꿈 = "건강"
- 2013~현재 12년째 건강 강의 및 자원봉사
- 보건보완의학대학원 졸업 & W건강증진연구소 위원
- 대한노인회 시니어 강의(주제: 무병장수의 道, 내 몸을 되살리자)
- 청소년 강의(주제: 청소년 건강과 자원봉사)
- 힐리언스 선마을 건강 홍보대사 & 명상 지도자
- SPG파크골프협회 초대 회장 & 생활 및 노인스포츠지도사

참고 문헌

- 구도 치아키, 『신경 청소 혁명』, 비타북스(2017)
- 요네야마 기미히로, 『뇌가 20년 젊어지는 두뇌 자극법』, 전나무숲(2023)
- 이상모, 『평생 걷고 뛰고 싶다면 생존근육 3가지만 키워라』, 전나무숲(2024)
- 더글라스 그라함, 『산 음식 죽은 음식』, 사이몬북스(2020)
- 정성근, 『백년 운동』, 아티잔(2019)
- 안드레아스 모리츠, 『건강과 치유의 비밀』, 에디터(2020)
- 나무위키 백과사전
- 『파크골프 표준 교재』, 대한파크골프협회
- 『HI-LIIFE 정규 과정』, 힐리언스 선마을
- 각종 격언

머리말

"액티브 시니어의 방구석 탈출기!"
"머물러 있기엔 세상은 넓고 경험할 것은 많다!"

『액티브 시니어의 방구석 탈출기』는 2024.1월 ~ 2025.6월까지 18개월간 방구석을 탈출하여 여행을 통해 다양한 경험과 활발한 활동이 삶에 어떤 활력을 주는지, 또 건강과 젊음을 되살려 주는지 찾아가 보는 이야기입니다.

우리의 뇌는 낯선 거리를 좋아합니다.
새로운 곳, 처음 가 보는 곳, 모르는 곳에서의 탐험은 새로운 정보를 뇌신경 세포에 전달하며 신경회로를 활성화하고 자극합니다. 그러면서 우리의 뇌는 창의력이 높아지고 신경망이 튼튼해지면서 치매 예방 효과도 커집니다.
신경내과 전문의 기미히로는 말했습니다.
"뇌가 노화되는 건 나이 때문이 아니라 자극이 없어서이다. 쓰지 않는 뇌세포는 어느 순간 사라진다."

쉬고 있던 뇌에게 다양한 자극을 주는 건 즐거운 일이었습니다.
여행은 다양한 민족의 문화를 경험하게 해 주었고, 오감을 자극하여 중추신경과 말초신경의 흐름을 극대화해 주었습니다.
해마의 기억력이 증진되는 걸 느낄 수 있었고, 신경계의 미엘린(뉴런 절연체)이 필요로 하는 신선한 산소를 충분히 공급해 줄 수 있었습니다.

하루하루의 신진대사와 호르몬 분비가 정상적으로 이루어져 활기찬 생활을 되찾을 수 있었습니다.

스트레스에서 벗어날 수 있으니 머리도 맑아지고 새로운 아이디어가 많이 떠오르기도 했습니다.

시니어에게 여행이란 젊은이들과는 또 다른 의미입니다.

시간과 경제력은 조금 더 여유가 있을 수 있지만, 반대로 시니어에게는 가장 중요한 것이 체력입니다.

10여 시간의 비행시간, 시차 적응, 현지에서 하루 5천 보 이상의 도보 이동 등이 가능해야 여행 본연의 즐거움을 느낄 수 있고, 함께하는 동반자에게도 피해를 주지 않습니다.

체력을 키우고, 주저함과 망설임을 떨쳐 버리면 너무나 즐거운 경험이 우리를 기다리고 있습니다.

남해 15일 살기 중- 함께 노르딕 워킹하는 모습

남해에서 15일 살기를 해 보았습니다.

며칠의 여행이 아닌 반 달 살기, 한 달 살기는 단순히 스쳐 가는 여행에서 느끼지 못한 다양한 자연과 사물을 더욱 가까이에서 볼 수 있고 만질 수 있습니다.

아침, 저녁으로 자연과 교감해 볼 수 있습니다.

숨어 있는 문화와 전통을 찾아볼 수 있고 그 깊이를 느낄 수 있습니다.

남해 살기를 했던 집에서는 매일 아침 바다와 590년 된 느티나무를 바라보며 기체조와 명상을 했습니다. 외부의 나와 내부의 나에게 감사함과 행복감을 느끼게 해 주었습니다.

어촌의 모습, 마늘밭의 냄새, 멸치를 만드는 소규모 공장에서는 맛도 볼 수 있게 해 주었습니다.

매일 집으로 찾아오는 새들은 마음을 따듯하게 해 주었고, 호도 섬에서는 바다 위를 뛰어오르는 숭어가 또 다른 세상을 느낄 수 있게 해 주었습니다.

남해 살기 했던 집

아름다운 해변과 은빛 백사장에서의 맨발 걷기는 발바닥 감각을 자극해 주었습니다.

"무조건 떠나라. 떠나지 말아야 할 이유가 더 많아지기 전에…."

노화는 우리가 원하지 않아도 찾아오고 있습니다.
노화는 수십 가지의 신체적 변화, 심리적 변화, 사회적 변화와 함께 옵니다. <노인스포츠 지도사 연수 교재 참조>

신체적 변화
① 관절 상태 변화 및 대퇴부 길이 축소로 인한 신장 감소
② 피하지방의 감소로 추위를 느낌
③ 각 장기의 중량 감소
④ 탄수화물 대사율 증가로 혈당량 높아짐
⑤ 혈관의 경직도 증가로 혈압 상승
⑥ 대뇌와 신경세포 감소로 인지기능 저하

심리적 변화
① 건강쇠퇴, 경제불안, 생활상의 부적응으로 불안과 초조
② 자주성 상실로 의존감 증대
③ 신체적 쾌락의 흥미 감소

사회적 변화
① 사회적 지위와 권위의 하락
② 사별 등으로 사회적 고독감 발생

하지만 노화가 무조건 나쁜 것은 아닙니다.
어차피 피할 수 없고, 멀리할 수 없습니다.
미리 알고 대처할 수 있으며, 최대한 늦게 오게 준비해 볼 수 있으며, 일부는 받아들이고 수용하여 좋아지는 것들도 있습니다.

노화는 증식을 포기하는 대신 생존을 선택한 생명 현상이라고 합니다.
늙은 세포가 젊은 세포보다 외부 스트레스에 대한 세포 사멸에 대해서 강한 저항성이 발견됩니다.
즉, 노화는 죽음으로 가는 과정이 아니고 생존을 선택하고 유지하는 거룩하고 절실한 생명 유지이자 생명을 지켜 주는 현상입니다. <박상철 교수, 서울대 노화고령사회연구소장>

사용하지 않으면 약해집니다.
활동하지 않으면 둔해집니다.

우리의 일상 속에서도 우리는 오감을 자극하고, 생활 속의 변화를 만들고, 새로운 분야를 체험할 수 있습니다.

바른 생활 습관으로 건강을 지키고, 질병 예방부터 시작해 봅시다. 체력을 키워서 문밖으로 일상을 넓혀 봅시다.
여행을 하며 우리의 뇌, 오감, 신경회로를 녹슬지 않게 자극해 봅시다.

지금, 방구석을 탈출해 봅시다!

일러두기

Active Senior(액티브 시니어)

바른 생활 습관으로 활동이 언제나 자유롭고 여행과 새로운 곳을 통해 오감을 자극하여 뇌를 항상 활성화하고 스포츠클럽에도 적극 참여하고 블로그도 운영하며 지금도 꿈을 가진 시니어

방구석 탈출기 의미

방구석은 외로움과 비활동과 정체를 의미하며 이를 벗어나(탈출) 활동적 삶을 살기 위한 의미

개인 블로그 소개

꿈을 이루면 꿈 너머 꿈이 있었습니다.
이루는 것은 결과이지만 가는 과정이기도 했습니다.
저는 지금 세 번째 꿈의 과정에 있습니다.

목차

제1장. 말레이시아 한 달 살기
1. 말레이시아 계획과 입국 ·················· 14
2. 말레이시아 스카이 미러와 클라이밍 ········ 21
3. 말레이시아 말라카 여행 ················· 26
4. 말레이시아 쿠알라룸푸르 도시 ············ 35
5. 말레이시아 푸트라자야 ·················· 48
6. 말레이시아 국립 모스크와 KL 출국 ········ 54

제2장. 남해 15일 살기
1. 남해 벚꽃, 노량 해전, 해변 맨발걷기 ······· 62
2. 남해 바래길 ························· 68
3. 남해 보호수 ························· 77
4. 남해 비가 내리는 날 & 화창한 봄날 ········ 87

제3장. 순천 15일 살기
1. 순천 도시와 유명지 ··················· 98
2. 순천 국가정원, 습지, 드론 쇼 ············ 108
3. 순천 인근 명소와 파크골프장 & 마무리 ····· 124

제4장. 홍콩 크루즈

1. 크루즈 홍콩 승선과 시스템 1 ·············· 140
2. 크루즈 생활과 시스템 2 ················ 150
3. 마카오 관광, 귀국 ··················· 163

제5장. 아라비아 크루즈

1. 미래를 설계하고 대비하는 도시 – 두바이 ··· 176
2. 신비의 나라 – 오만과 크루즈 생활 ········ 193
3. 건조한 사막 기후지만 번영을 – 카타르 ····· 206
4. 미래와 과거가 공존하는 – 아부다비 ········ 214

제6장. 국내외 유명지

1. 강진 FUSO ······················· 232
2. 말레이시아 15일 살기 ················· 242
3. 동해 고성군 ······················ 252
4. 나고야 살아 보기 ··················· 263
5. 3번째 여행한 호주 ··················· 278
6. 바이칼 호수 명상 ··················· 293
7. 최초의 자연 치유 블레드(슬로베니아) ······ 303

제7장. 파크골프와 건강

1. 파크골프는 행복지수 최고의 종목이다 ······ 312
2. 파크골프 해외구장 ·················· 326

제1장
말레이시아 한 달 살기

1. 말레이시아 계획과 입국
2. 말레이시아 스카이 미러와 클라이밍
3. 말레이시아 말라카 여행
4. 말레이시아 쿠알라룸푸르 도시
5. 말레이시아 푸트라자야
6. 말레이시아 국립 모스크와 KL 출국

1. 말레이시아 계획과 입국

🧳 계획

　65세 이상 시니어는 전체 인구의 18.87% 968만 명(2023.11월 말 기준)이며 1년 후쯤 초고령 사회(20%)로 진입을 예상하고 있다. 그런데 시니어들은 어떤 이름을 가지고 있을까?
　고령자, 경로, 어르신, 시니어, 아버님(어머님), 할아버지, 그리고 의미 있고 세련된 이름도 있다.
　금빛 청년, 은빛 시니어, 신중년, 영올드, 스포츠클럽의 직책 명, 활동적 시니어 등이다.

　난 Active Senior가 좋다. 이 단어를 처음 제시한 시카고대 뉴가톤 교수의 뜻과 관련된 여러 내용들을 종합하면, ① 65세 이상이면서 적정한 경제력과 신감각을 가지고 ② 급변하는 사회에도 적응하며 남의 도움을 최소화하고 ③ 지금도 꿈을 갖고 실행하며 활동(여행)을 즐기며 스포츠클럽과 단체 모임에서도 활동하는 시니어이다.

◆ **스포츠클럽:** 시니어에게는 파크골프 운동이 가장 재미있고 건강도 주는 최고의 종목이라 생각한다.

81홀의 다양한 코스를 자랑하는 양평 파크골프장

Active Senior의 일환으로 말레이시아 한 달 살기를 계획하였다.

1. 새로운 곳에서 오감을 자극하여 뇌를 활성화하려 한다.

매일 새로운 곳과 명소를 방문하고, 새로운 식당을 가고, 새로운 사람들도 만날 것이다.

시니어가 되어 가질 수 있는 염려와 주저함을 떨치고 새로운 것에 대한 시도와 도전으로 성취감을 느끼고 싶다.

2. 다른 나라를 방문하고, 살고 싶은 나라에 살아 보는 것은 매우 즐겁고 가슴을 뛰게 한다.

다른 문화를 접할 때 많은 것을 느끼고 배울 수 있다.

우리의 문화가 소중하듯이 타 문화에 대한 존중도 배운다.

3. 항산화, 천연 항암제 물질이 가득한 7가지

색(Color Food)의 열대성 과일과 채소를 적당량 섭취하여 나의 몸의 변화를 보려 한다.

🧳 입국

무거운 휴대 가방을 끌고 노트북 가방은 메고 이리저리 지나야 입국 심사대로 가는 버스를 탈 수 있다. 그리고 최소 1시간은 지나야 입국 심사대(Immigration)를 통과한다.

휴~~ 빠르고 친절한 한국의 통관 시스템이 그립다.

호텔에서 나온 차를 타고 40분 정도 달려 깔끔하게 단장된 중심가에 있는 조용한 역세권 레지던스 호텔에 도착했다.

체크인을 마치고 나의 방에 들어오니 배가 고팠다(새벽에 출발하여 저녁이다).

한 달이란 긴 시간이다. 매일 즐거운 날이 되도록 할 것이다. 시니어이기에 쉽지 않은 것도 있다. 하지만 연륜과 지혜로움은 많지 않은가.

세계 100여 개국을 여행했지만 70세를 넘기고부터 약간씩 편안함에 안주하고 오감(신경)이 무뎌짐을 알아차려 이렇게 한 달 살기를 계획하게 되었다. 하지만 마음이 옛날 같지 않고 걱정과 움츠림도 좀 생겼다.

새로운 것을 배우는 속도도 느려졌지만, 항상 하려고 애쓰고 글도 쓴다.

엔도르핀과 도파민 호르몬은 젊은 시절보다는 반 정도 분비되겠지만, 밤의 호르몬은 항상 충분히 받고 아침에 새로운 세포와 융합을 잘하고 있다.

노화를 늦추는 좋은 방법은 젊은 신경을 만드는 것이며, 항상 어깨는 펴고, 척수는 바르게, 그리고 오감을 자극(여행, 노래아 글쓰기, 여러 사람 만나기, 활동 등)하면 젊은 신경으로 가는 길이다. <구도 치아키 박사>

물론 입이 아닌 세포가 좋아하는 음식을 먹어야 한다.

필수사항

1) 도착 3일 전 한국에서 말레이시아 디지털 입국카드(MDAC)에 필히 등록하고 한 장을 프린트해 가면, 보다 빠른 입국에 도움이 된다(종이 입국카드 작성은 중지됨).
   링크: https://imigresen-online.imi.gov.my/mdac/main
2) 여권 잔여 유효기간: 6개월 이상

식탁과 책상 그리고 5인용 소파의 거실
언제든 글을 쓰고 책을 읽을 수 있어 좋았다.

King Size 침대

정말 다행인 것은 창문의 커튼. 빛이 완전히 차단되어 밤의 보약인 성장 호르몬과 멜라토닌 호르몬의 분비와 세포 재생이 잘 이루어졌다.

51층 수영장에서 일광욕도 함께

주방

주방은 서구식 기본 도구는 있으나 한 끼 정도의 한식 요리에는 소형 밥솥, 주걱, 가위, 작은 냄비, 멀티 어댑터 등이 필요하다. 그래서 반드시 위탁 수하물은 20Kg 이상(항공사 확인)인 편이 좋다.

이곳에는 호텔과 레지던스 호텔이 무수히 많다. 다소 저렴한 곳은 위생과도 직결된다. 한 달 예약 시 특전이 있으므로 다른 비용을 줄이더라도 깨끗한 호텔의 선택이 중요하다.

 꼭 준비할 것: 한 달 살기 하려는 분을 위한 안내

1. Travel Wallet Card
쇼핑몰, 음식점, 버스 승차, 그랩 탑승 등 다용도 카드이다.

환전/현지 결제 수수료가 없으며 필요한 만큼 현지화로 충전 후 카드를 사용한다(앱 다운, 카드 수령 필요).

2. 현지 이동 수단인 Grab(그랩) 앱 다운 필수

지정 장소에서 대기하고 승차(일반 택시는 비싼 편).

3. 로밍은 필수

현지에서 통신사 자동연결 말고 초기화 및 강한 이동통신사 지정(필자는 Digi 사용). 유심도 가능하다.

4. 환전

현금이 그다지 필요하지 않지만, 현지에서 링깃 화폐로 환전 가능(5만 원권).

5. 여행자 보험 가입 필수

가끔 4시간 이상 비행기 출발이 지연되어도 보상에 해당한다(약관 확인).

2. 말레이시아 스카이 미러와 클라이밍

Sky Mirror(스카이 미러) 자연 현상 ▌

세계에서 가장 큰 자연 거울로 알려진 볼리비아 소금 사막의 이름을 따라 지어졌다.

말레이시아 사사란 해변(Sasaran Beach)에서 볼 수 있는 이 광경은 거울 같은 바다가 하늘과 합쳐지는 것처럼 드넓게 펼쳐져 있다(관광 센터 자료).
처음 듣는 단어에 호감이 갔다. '하늘 거울'… 무엇일까?
매우 궁금하여 가 보기로 했다.

머물고 있는 쿠알라룸푸르에서 북서쪽으로 40여 분 고속도로로 가면 Jeram 지역의 해안이 나오고 Sky Mirror 사무실과 선착장이 있었다. 그곳에서 배를 타고 바다 중간으로 가야 한다(장시간 머물러야 하기에 꼭 화장실을 들르자).

선착장 입구

선착장 입구에 스카이 미러 현상의 여러 멋진 사진을 붙여 놓았다. '아 저렇게 포즈를 잡으면 되겠구나!' 하고 나도 몇 장면 생각을 하였다.

선착장에서 잠시 기다린 후 출구로 나가니 15명 정도 탈 수 있는 긴 배가 있었다. 주위엔 바다 위의 나무 집들이 모여서 평화롭게 살고 있었다. 아마도 오랜 기간 그곳에서 살아오고 있는 것 같았다.

드디어 배를 타고 고속으로 깊은 바다를 향해 달렸다.

배가 크게 흔들리지는 않았다.

가는 도중 물고기 잡는 배가 있었고 그 위로 새들이 모여들었다.
아마 물 밑에 물고기가 많은 듯….

30분 정도 달리니 바다 중간에 많은 사람들이 걸어 다니고 있었다. 아니 깜짝!!

이미 도착한 배도 10여 척은 넘어 보였다. 우리도 배에서 내리니 물은 차갑지 않고 미지근하였다. 종아리 정도의 깊이였다. 바닥은 약간 부드러운 진흙인 펄이었고 가끔씩 게들이 도망다닌다. 신기한 듯 게를 잡으러 사람들이 모이곤 한다(그렇게 잡힌 게들을 다시 놓아주길 바랐다).

약 2시간 정도 기다리면 바닷물이 완전히 빠져 속살이 보인단다. 그러면 바닥이 거울처럼 반사되고, 사진을 찍으면 이중으로 모습이 나온다고 한다.

그 시간 동안 나는 자동으로 맨발 걷기를 했다. 정말 좋은 조건이다. 대지의 음전하가 내 몸으로, 내 몸의 양전하가 대지로 빠져나가는 최상의 상황이 아닐 수 없다.

내 몸에 남아 있는 불필요한 활성산소와 정전기가 모두 빠져나가는 듯하였다.

태양은 구름에 가려 견딜 만했다. 그런데 물이 더 이상 썰물이 되지 않는다.

　오후 6시 50분까지 기다려 완전히 빠지지 않으면 오늘은 미러 현상이 없으므로 돌아가야만 한단다.

　다시 물이 들어와 깊은 바다가 되니까….

　우린 이 상태에서 최대한 즐기기로 했다. 점프도 하고 여러 사진도 찍었다(약 2시간).

　미러가 없어도 자연에 의해 만들어진 넓은 바다의 땅에서 이곳에 모인 다국적의 사람들은 자연에 취해 모두가 즐거운 표정이다.

　그런데 이곳이 개방된 이래 물이 완전히 빠지지 않는 것은 처음이라고 한다(썰물 기준).

　내 생각엔 달의 중력과도 연관이 있지 않나 생각했다.

　아쉽지만 뒤로하고 안전히 돌아왔다. 그래도 마음껏 2시간 동안 바다 중간에서의 추억은 영원히 남아 있을 것이다.

　부족한 것보다 가진 것, 즐거웠던 시간이 더 소중함을 알고 있다.

스카이 미러 현상이 있었다면 2중 모습을 볼 수 있었겠지만, 그래도 만족하였다.

클라이밍 도전 이야기

가끔 여행지에 가면 클라이밍 코스가 있다. 마침 이곳 쿠알라룸푸르 시내에서 멀지 않은 곳에 클라이밍을 하는 곳이 있다. 쉬운 코스에서 한번 도전하기로 했다. 기본적 근력운동과 합기체조를 꾸준히 하여 유연성과 집중력이 있다고 생각해서다. 드디어 성공하였고 기쁨을 만끽하였다.

우리의 몸은 아직도 활동이 많았던 원시 시대인 반면에, 생활습관은 현대에 살고 있다.
둘 사이의 균형을 맞춰야만 건강해진다. 몸의 움직임을 더 늘려야 한다.
그리고 기본적인 근력운동도 해야 한다. 그러면 뇌와 오장육부가 튼튼해지고 대사작용도 원활해지고 부상도 예방된다. <정성근 교수『백년운동』中>

근력이 수축될 때 분비되는 특정 물질이자 호르몬인 마이오카인(Myokine)은 뇌 건강 BDNF(Brain Derived Neurotrophic Factor, 뇌유래 신경영양인자)을 촉진하여 뇌세포 성장과 기억력을 향상시키며 지방 분해와 심혈관 기능 개선 등 다양한 기능이 있다.

3. 말레이시아 말라카 여행

역사적인 장소를 찾는 것은 과거로의 여행과도 같다고 생각한다. 태평양과 인도양을 잇는 동서 교역 최단항인 말라카 항구이다. 열강들이 노렸고 점령했던 지역이다.

포르투갈(1511~1641), 네덜란드(1641년~1786년), 영국(1786~1941), 일본(1941~1945), 영국(1946~1957)에 이르기까지 각 지배를 하였다니. 그리고 말레이시아 독립(1957~).

말라카해협의 이름은 16~17세기 말레이 해안에 있던 중요한 무역항 말라카에서 유래했다. 인도와 중국 사이를 이어 주는 가장 짧은 해로이다. <다음 백과>

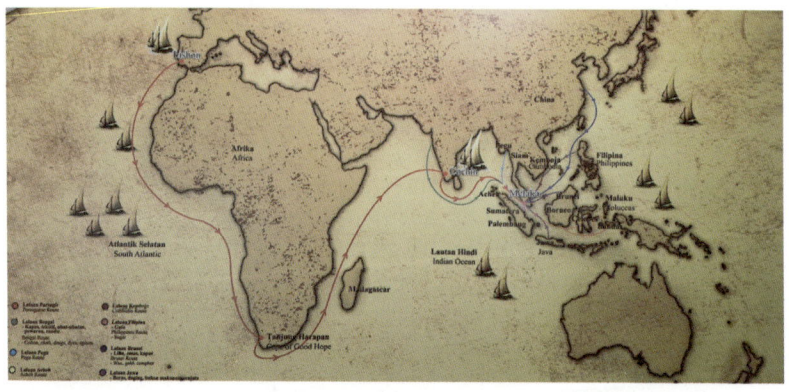

유럽~말라카~상하이 해로 〈Museum Negara 국립박물관 자료〉

쿠알라룸푸르에 온 지 3주째에 접어든다. 이제 조금 더 멀리 여행하려 한다.

하루 전날 easybook.com으로 좌석을 예약했다(미예약 시 터미널에서 직접 구입 가능하나, 원하는 시간이 아닐 수 있음).

쿠알라룸푸르 출발 오전 8시 반, 그리고 말라카 출발 오후 5시. 하루 코스로의 또 다른 여행이다. 시외버스로 2시간이 소요된다. 시간에 맞추어 가야 할 곳도 정했다.

처음 가는 곳, 새로운 곳, 역사가 있었던 곳의 말라카 방문은 우리의 가슴을 뛰게 하기에 충분하였다.

말라카는 1403년 세워진 무역항이었고, 이후 포르투갈, 네덜란드, 영국의 지배로 인해 건설된 역사적인 건물과 건축 그리고 살아온 사람들의 다양한 관습과 문화를 가진 도시이다.

호텔에서 그랩을 이용하여 여유 있게 TBS(Terminal Bersepadu Selatan) 역에 도착한 후 예약 카운터에서 티켓을 받은 후 편의점을 지나치고 한 층 아래인 탑승구로 향했다.

TBS 버스터미널

버스는 승차감도 좋고 정시에 출발하였다. 에어컨 냉방이 심하다는 글을 보고 미리 가져간 가을 긴 옷을 입으니 적당하였다.
확 트인 남쪽으로 향하는 고속도로~~
이 시간 이 장소로 갈 수 있어 감사했다.
시니어가 되기까지 긴 세월 잘 보살핀 몸과 마음의 선물이 아닐까 생각했다.

평일이라 1시간 50분 만에 도착했다. Melaka Sentral 역이다. 곧장 돌아오는 Boarding Pass를 미리 받으러 갔다. 이곳은 약간의 수수료가 있었다.

밖으로 나와 그랩을 부르니 5초 만에 연결되고 곧 온다고 한다. 제일 핫한 Dutch Square(네덜란드 광장)부터 일정을 시작하였다.
상징적인 장소에서 사진을 찍고 또 찍는다. 한 지역에 주로 모여 있고 보존되어 다니기가 좋았다.

네덜란드 광장

네덜란드 광장과 존커 거리를 잇는 다리 위에서

그중 하나인 유명한 벽화가 있던 장소였는데 지우고 있었다.

지우기 전의 예쁜 벽화 모습 〈타 블로그 사진 옮김〉

아래의 오랑우탄 벽화는 남아 있었다. 그만큼 이 지역에서 함께 살아왔던 동물이다(인간과 DNA가 유사한).

반갑게 사진을 찍으니 오랑우탄의 슬픈 사연이 생각났다.

우린 자연과 함께 살아야 하지만, 때론 경제적 이유로 그렇지 않을 때도 많다.

지구의 눈물이란 글을 읽은 적이 있다. 이곳의 열대우림을 태워 그곳에 팜나무를 조성하였고 팜유 생산으로 GDP 10%란 어마어마한 경제적 이익이 된 것이다.

그 밀림 속에 살고 있던 오랑우탄은 서식지가 사라져 거의 없어지고 벽화만 남아 있다고 생각하니 마음이 편치 않았다.

오랑우탄 벽화

점심을 먹기 위해 존커 거리(Jonker Street/Walk)로 갔다. 하인의 거리이다. 그 옆의 거리가 주인 거리(Hecren)이다.

이곳도 중국인들이 많이 이주한 곳이다. 1911년에 설립한 중국 음식점이란 간판이 보였다. 유명하고 오래된 중국 음식점을 택했다. 즐겨 먹었던 음식 2개와 밥을 시켜 맛있게 먹었다.

다음 행선지는 말라카 해상 모스크(Masjid Selat Melaka)이다. 도착하니 입장 시간이 아니어서 밖에서 사진만 찍어야 했다(12시 반~14시 반은 입장 제한 시간).

말라카 해상 모스크

다음 행선지는 유명한 Saint Roll Church이다. 그랩을 이용하여 산 아래에 도착하여 조금 올라갔다. 치열했던 과거가 그려졌다. 튼튼했던 벽은 그나마 조금 남았지만, 지붕은 그때 모두 날아갔을 것이다.

이곳에서도 말라카해협이 보인다. 그 해협으로 무수한 상선과 전함이 다녔을 것이다. 그때도 화려했고 지금도 화려한 항구 도시이다.
지역적인 중요성이 역사를 바꾼다는 말이 있다.

다음은 산티아고 요새(Melaka Porta De Santiago)이다.

1511년 말라카를 지배하던 포르투갈군이 세운 요새로, 파모사(A'Famosa)라고도 한다.

한때는 요새가 세인트 폴 언덕 전체를 둘러싸고 있었으나, 네덜란드군의 공격으로 대부분 파괴되었고 현재는 언덕 남쪽에 일부 관문과 대포 등이 남아 있다.

◀ 전쟁의 흔적이 지금도 남아 있다.

포르투갈은 이곳을 130년간 통치했다. 이 시기에 도입된 스페인 달러인 은화의 톱니 모양을 본떠, 지금의 모든 화폐에 톱니 모양이 새겨져 있다고 한다. '링깃'이란 말레이어로 '톱니가 새겨진'이라는 뜻이다.

관광을 모두 마치고 시원한 쇼핑몰로 가서 차 한 잔을 마시며 이곳에서의 기억을 정리하였다.
돌아오는 발길은 가벼웠고 시도했던 말라카 여행은 영원히 기억될 것이다.
달리는 차창 밖에는 무수히 많은 팜나무가 잘 자라고 있었다.

고속도로 양쪽 옆에 팜나무가 자라고 있으면 가로등이 없다.
이는 팜나무가 밤에는 휴식을 해야 더 잘 자라기 때문이다.
이는 법규로 정해져 있다고 한다.
사람도 나무도 밤에는 수면을(깊은 휴식) 취해야 한다.

4. 말레이시아 쿠알라룸푸르 도시

 Kuala Lumpur 이름과 주석 이야기

말레이어로 두 강이 합류한다는 뜻이라고 한다.

Kuala(곰박강과 클랑강의 합류) + Lumpur(진흙), 즉 진흙 물의 두 강이 만나는 곳이다.

영어 표기는 'KL River of Life'이다.

두 강이 만나 하나의 강이 되는 지점
초창기에는 배를 타고 하나가 된 강을 거슬러
이 지점까지 도착하였다고 한다.

그러면 그 강이 우리의 북한강과 남한강이 만나 한강이 되듯이 경치도 좋고 수량도 많은 것으로 생각했는데, 그렇지는 않았다. 왜 굳이 도시의 이름을 그렇게 했을까 조금은 이해가 되지 않았다.

그런데 그 실마리가 풀렸다. 그 강바닥의 진흙 속에 보석이 있었다. 그 보석으로 도시가 번창했기 때문이다. 그 보석은 바로 주석이다.

그 주석을 캐기 위해 중국인을 포함한 수많은 사람들이 몰려들었다. 새로운 도시가 형성될 충분한 여건이었다.

현재 쿠알라룸푸르 주변에 있는 여러 개의 호수들은 주석을 캐내고 그 웅덩이를 근간으로 워터파크/테마파크가 조성된 곳이 많다고 한다. 그 호수를 보면 엄청난 주석의 양과 그 가치를 예측해 볼 수가 있다.

지금도 전 세계의 주석 생산량의 상당 부분이 쿠알라룸푸르에서 생산된다니 축복이 아닐 수 없다.

로얄 셀랑고르(Royal Selangor)

이 회사는 세계적인 주석 회사 브랜드로, 방문해 보니 방문센터가 잘 운영되고 있었고 주석을 이용하여 간단한 도구를 만드는 방도 있었다.

방문객들에게는 주석으로 그릇도 만들어 보고 이니셜도 새기는 기회를 준다.

이곳에서 보여 준 과거의 주석 채취의 장면을 소개한다.

19~20세기의 주석 채취 장면

Royal Selanger 공장 모습

 **도시 쇼핑몰 이야기**

쿠알라룸푸르는 쇼핑몰로도 유명하다.

부킷 빈탕을 중심으로 한 몰과 트윈 타워를 중심으로 한 몰이 대표적이다.

부킷 빈탕(Bukit Bintang)은 별의 언덕이란 뜻이다. 별이 반짝이듯 수많은 대형 몰이 빛나고 있다.

세계 최우수 브랜드 제품의 전용 백화점부터 일상생활을 위한 백화점이 고루 분포되어 있다.

거의 모든 쇼핑몰에 각국의 사람들이 붐빈다. 편안하고 즐거운 쇼핑 분위기와 적어도 4개국의 다양한 음식을 먹을 수 있는 즐거움이 있기 때문이라 본다.

이 도시엔 초콜릿이 유명하다. 세계 유명 초콜릿 회사가 모두 이곳에 진출해 있다. 바로 팜유 때문이다.

많은 초콜릿의 재료로 필요한 팜나무 열매
말레이시아에서는 1등급 팜유가 유명하다.

 EUDR(유럽연합 산림전용방지법)은 2020년 말 이후 벌채된 토지에서 생산된 팜유, 대두, 목재, 코코아, 커피, 소고기, 고무의 7개 제품군에 대한 EU 시장 유통 및 판매 금지를 골자로 하며, 발효일로부터 18개월의 유예기간을 거쳐 2024년 12월 말부터 시행될 예정이다. <『이코리아』 2023.10.31. 기사 中>

 음식 이야기

인체는 우리가 주는 것을 가지고 일한다.
You are what you eat, 당신이 먹은 것이 바로 당신이다.

쿠알라룸푸르에 도착하면 널리 알려진 음식부터 먹어 보고 싶었다. 유명 레스토랑은 그럴 만한 이유가 있지 않겠는가?
맛이 좋거나, 영양가가 많거나, 가성비가 좋거나, 분위기와 친절도 등~~

질병과 음식은 깊은 연관이 있음을 알고 있다. 아니, 질병의 35%가 음식과 연관이 있다고 미국 질병관리청에서도 발표하였다.

현지인 맛집을 찾아서

위치: Bukit Nanas와 Medan Tuanku 모노레일 역 사이에 Quill City Mall의 대형 쇼핑센터 기준으로 동쪽 5분 거리에 Nasi Goreng(나시고랭, 흰쌀밥, 계란, 채소, 고기, 새우 등과 같이 볶은 밥) 등을 잘하는 현지인 음식점이 있다.

가장 궁금한 것은 말레이시아 현지인의 체형이 음식과 관계가 있지 않을까 싶다.

한국인의 체형도 1950년에 비해 많이 달라졌다. 키도 약 10cm 더 커지고 몸무게도 늘었다. 이는 단백질 섭취와도 관계가 깊다. 우린 식물성 단백질도 많이 섭취하지만, 이곳에는 그런 종류가 많지 않았다.

육류 단백질 섭취로는 쇠고기가 좋으나 가격은 비싸고(우리도 그렇다) 부드럽지도 않았다.

돼지고기는 할랄(Halal) 식품[1] 이 아니고 하람(Haram) 식품[2] 이기에 매우 제한적이다. 특정 장소와 음식에만 사용하고 있다.

그러면 닭고기로 단백질을 섭취하는 것이 대세이다. 주로 기름에 튀겨 먹거나 살짝 삶아서 소스와 같이 먹는다.

식단의 성분 구성을 보면 탄수화물이 70~80% 정도인 것 같다.

대형 쇼핑몰의 음식점

파빌리온 몰, 수리아 몰 등에는 다양하고 브랜드를 가진 음식점이 즐비하다. 또한 다소 저렴하게 선택해서 먹을 수 있는 지하 푸드 코트도 활발히 운영되고 있다(Little Penang, Din Tai Fung, Madam Kwan's, Tokyo Street 등).

---

1) 이슬람 율법에서 허락되어 무슬림이 먹을 수 있는 음식
2) 할랄 식품이 아닌 식품 중에서 율법에서 금지된 식품 (예: 돼지고기, 민물고기 등)

🧳 A 레스토랑

　오래전부터 널리 알려진 유명한 식당이 있어 한번 찾아갔었다. 소문대로 맛은 괜찮았다. 그런데 고열의 기름에 튀기고 식품 첨가물도 많고 변형이 된 재료가 많았다.

　식품 첨가물은 500여 종이며 자극적인 맛과 먹고 싶은 색깔, 보존 기간을 늘리는 데 동원된다. 배출은 50~80%. <선재광 박사 『고지혈증, 약을 끊고 근본치료하라』 中>

　자연의 음식을 멀리하고 독성이 가득한 공장 음식에 중독되면 질병이 온다.

　총의료비의 44%가 시니어 의료비로 지출된다(40.6조/93.5조). 매일 복용하는 약이 7알이고 89%의 시니어가 만성질환 두세 가지를 갖고 있다고 한다.

　잃어버린 10년, 잃어버릴 10년은 절대 되지 말아야 한다.

　바른 생활 습관만이(특히 음식) 이를 개선할 수 있다고 본다.

🧳 호텔 (4~5성급) 음식 = 강추

　고급 호텔에서 시간대별로 뷔페나 레스토랑에서 할인을 하고 있다. 10~50% 정도다.

　eatigo.com(아시아 No 1 레스토랑 예약 플랫폼)에서 다운받고 가까운 곳의 호텔과 음식 종류, 할인율을 보고 예약하며 할인율은 시간대 별로 차이가 있다.

　우리나라에는 없는 제도지만(?) 현지에선 많이들 이용한다. 오히려 바람직한 제도라 본다.

 **KL Tower 찾아가기**

　KL 타워의 높이는 421m이며 세계에서 7번째로 높고 동남아시아에선 가장 높은 통신 탑이다.

51층 수영장에서 바라본 좌측 KL 타워

　우측의 탑은 '메르데카 118'이다(높이는 679m, 118층이다. 세계에서 2번째 높이).

　1511년부터 1957년 8월 31일, 약 445년간의 외세 침략에서 독립을 상징하는 탑이다. 혁신적인 디자인의 건물이며 첨탑의 높이는 160m이다(삼성물산 건축).

　오늘은 KL Tower에 가 보려 한다.
　호텔에서 아침 식사를 마치고 구글 지도를 따라 호텔 앞 Bukit Nanas 역을 거쳐 샹그릴라 호텔을 지나 지름길로 생각된 우측 길로 갔으나 길이 막혔다. 개방된 한국의 공원과는 달랐다.

다시 돌아가 지도를 따라가니, 타워 아래쪽 입구에 도착했다. 이제부턴 가파른 산길이다.

잠시 망설이고 있을 때 프리 셔틀버스 표시가 있는 탑승 장소가 보였다.

잠시 기다려 시원한 버스를 타고 전망대 앞에 내렸다(15분 간격 운행). 하이라이트인 276m 전망대와 300m 상공에 위치한 스카이 박스 2가지 지점에 따라 가격의 차이가 있다.

외부의 더 높은 곳보다 실내 전망대를 택했다.

와우! 시내가 모두 보인다. 트윈 타워가 만들어지기 전에는 이곳이 가장 높고 유명했다고 한다. 하지만 나에겐 붐비지 않고 최초 고층 탑이라 더 좋았다.

메르데카 광장과 독립의 상징인 국기 게양대가 보인다. 사진을 찍고 내일쯤 그곳에 갈 것이다.

KL 타워에서 바라본 메르데카 광장과 국기 게양대

구글 지도를 따라 생소한 길을 가는 것은 시니어에게는 오감의 자극과 두정엽을 자극하기에 충분하였다. 하지만 선글라스를 끼고 스마트폰 지도 화면의 작은 글씨를 보는 게 시니어의 어려움이었다.

구글(Google)은 세계에서 가장 많은 데이터센터, 통신 네트워크와 함께 매일 수십억 명의 사람들에게 수백억 번의 서비스를 제공하고 있다. 이 분야의 최고 기업인 구글 덕분에 쉽게 찾아갈 수 있어 감사하였다.

KL 타워에서 바라본 트윈 타워

트윈 타워를 가장 높은 곳에서 바라볼 수 있어서 여러 장의 사진을 찍고 마음에도 간직하고 돌아 내려왔다(파인애플 언덕의 뜻을 가진 부킷 나나스역에선 도보로 10여 분).

🧳 호텔 옆에는 바코드로 주문하는 이탈리아 식당이 있다

휴대폰으로 바코드를 비추면 가게와 테이블 번호가 뜨고, 메뉴를 찾아 주문하고 결제를 한다. 우리나라에선 그래도 글씨가 큰 키오스크를 주로 사용하는데, 이곳에선 바코드 주문도 많이 있다.

바투동굴은 쿠알라룸푸르 근교에 있어 방문하기가 쉽다.

사진에 보이는 계단이 272개, 그리고 동굴 속에 약 99개이다. 왕복 총 740여 계단을 안전히 다녀왔다.

비둘기와 원숭이가 많이 있지만 옆으로 가고 눈을 마주치지 않으면 즐겁게 다녀올 수 있다.

우리와의 큰 차이, 현지의 물

Natural Mineral Water(파란 뚜껑) 생수와 Drinking Water(하얀 뚜껑, 요리에 적합한 물)을 구분하는 게 좋다.

우리나라의 음식점에선 물이 자동 제공되지만, 이곳 말레이시아에선 물을 하나의 메뉴처럼 시켜야 한다.

그리고 이곳의 상수도 수질은 우리 아리수와 비교할 수가 없다. 석회 성분도 좀 있고 정수 기술이 떨어진다고 생각된다.

심지어 샤워할 때도 필터를 사용하는 집이 늘어나고 있다(배관도 문제 가능).

우리와의 큰 차이, 인도와 차도(쿠알라룸푸르 등)

차도 중심의 도로이다. 큰 건물을 건축하면 당연히 주변 환경과 유입 차량에 대한 설계가 같이 되어야 하는데, 이곳은 대부분 그렇지 않았다. 인도는 난 코스이고 행인이 무시되어 있는 지역도 많이 있었다. 그리고 한정된 도로에 차량 정체가 심해져 유턴이 거의 없는 일방통행을 시행하다 보니, 걸어서 5분 거리를 차로 돌고 돌아 10분 걸리는 곳도 여러 군데 있었다.

그런데 우리나라보다 정말 좋은 것, 정말 필요한 것이 있다.

음주운전이 없다는 것이다. 술을 마시는 것을 이슬람 율법에선 용납하지 않고 있다(외국인을 상대로 특정 지역에서 허용하는 곳은 있다). 그래서 음식점 카페 등에서 술을 팔지 않는다. 그러니 술 취한 사람을 볼 수가 없고 음주운전이 없다.

바투동굴 ▶

 애완견을 키우지 않는다

길거리에 개를 데리고 다니는 사람이 없다.
아마도 이슬람 율법과 연관이 있는지 잘 모르겠다.

5. 말레이시아 푸트라자야

　인텔리전트 가든 시티(Intelligent Garden City)라고도 불리고 있는 푸트라자야. 말레이시아의 수도인 쿠알라룸푸르에 한 달을 지내면서 행정도시인 이곳이 늘 궁금하고 가고 싶었다.
　어느 날, 아침 교통 혼잡 시간이 지난 후 곧장 그랩을 불러 대표적인 모스크로 향했다.

🧳 Masjid Putra(핑크 모스크)

　KL 센추럴역에서 푸트라자야역으로 가는 직행 기차가 있지만 여러 경로를 감안하면 그랩이 최상이라 생각했다(갈 때 42링깃, 올 때 38링깃, 그리고 각 톨비 2+3.5링깃).
　출발한 지 30여 분 지나 Seri Pedana Bridge 다리 위에서 핑크색(장밋빛) 화강암으로 만들어진 품격 있고 웅장한, 세계에서 가장 유명한 핑크 모스크가 보였다.
　이슬람 교인들의 마음의 장소이자 관광객이 가장 많이 찾아오는 곳이다.

핑크 모스크, 크루즈 선상에서

▼ 돔의 내부

 돔의 높이는 50m, 본당 밖 첨탑의 높이는 116m이며 15,000명을 수용할 수 있다. 지하의 벽은 카사블랑카의 왕인 하산 2세의 모스크, 첨탑은 바그다드의 셰이크 오마르 모스크를 본떠 설계되었다. 완공은 1999년이지만, 공식 개장일은 2000년 8월 30일이다. <말레이시아 관광 센터 자료>

 입구에 도착하니 이미 관광버스 4대가 주차되어 있었다.
 대만/홍콩에서 온 중국인이 많았다. 바코드로 간단한 이름과 국적(South Korea), 종교를 기입하니 여성에게는 붉은색의 망토를 주었다.

당연히 신발을 벗어야 한다. 그런데 그 신발 보관 장소가 약 165개×3명×4단=약 2,000켤레용 신발장이 완벽히(이상 가능) 준비되어 있다.

빨리 사진을 찍고 싶었다. 여러 각도를 보면서 신비로운 기운까지 담을 수 있으면 좋으련만~~

2024년 1월 29일

이곳의 날씨는 겨울인데도 매우 덥다. 34도 정도다.

우린 크루즈를 타기로 하였다. 배를 타고 보면 모스크도, 청사도, 도시도 잘 볼 수 있고 사진도 잘 나올 것이다.

핑크 모스크에서 나오면 우측으로 50m 정도 거리에 관광 안내소가 있고 그 뒤쪽 호숫가로 내려가면 크루즈 탑승 사무실이 있다.

출발 시간과 배를 타는 시간에 따라 가격이 다른데, 이곳은 시니어 요금이 적용되어 50% 할인을 받는다(여권 지참).

가장 빠른 시간에 25분 크루즈 코스가 있었다(40링깃에서 20링깃 지불, 와우!). 호수의 물은 깨끗하였고 중요 관공서와 모스크가 안정되게 펼쳐져 있었다. 도시 디자인이 우수하다고 느꼈다(고층 아파트가 없고 자연과 어우러진 구도).

원하던 사진을 찍고 마음에도 간직하였다.

청록색 돔, Prime Minister's Office

Masjid Tuanku Mizan Zainal Abidin (Iron/Steel Mosque)

그랩을 불러 5분 정도 거리인 아이언 모스크에 도착했다(Iron 하니, 아이언 마스크 영화가 떠올랐다).

12시 10분이다. 개방 시간은 2시 30분.

머뭇거리고 있었더니 책임자분이 오셨다.

어느 나라에서 왔는지 물어보셔서 한국이라고 했더니 웃으면서 따라오라고 하셨다. 즉, 입장을 허락한다는 뜻이다.
 와! 신났다.

 지금 말레이시아에선 어젯저녁 축구 얘기로 꽃을 피우고 있다(한국전 3:3 무승부). 김판곤 감독님 덕분에 입장이 된 것 같다.

아이언 모스크 선상에서

아이언 모스크 돔의 내부 모습

내부에서 통제하시는 분이 의아하게 쳐다보신다. 이슬람교인만 허용되는 시간에 어떻게 들어오셨나 하는 듯.

많은 이슬람 돔을 보았지만 언제나 위용 있고 우수한 디자인과 설계에 놀라고 있다.

Prime Minister's Residence

의미 있고 감동 있는 오늘의 일정을 마치니 점심시간이 한참 지났다. 조금 더 참고 KL 도시의 파빌리온 몰에 가서 딤섬을 먹기로 하였다. 그랩도 금방 오고, 33분 만에 도착했다.

식사를 마치고 이번엔 블루라인 버스를 타고 부킷 나나스 정차장에 내려 호텔로 돌아왔다. 블루라인 버스는 무료로 운행하다 올해부터는 1링깃(약 290원, 2024년 1월 기준)을 받는다.

6. 말레이시아 국립 모스크와 KL 출국

쿠알라룸푸르 도시를 대변할 그림(사진)을 찾고 있었다.
마침 바투동굴 앞에 물 위에서 춤을 추는 모습이 있었다.

의미 있는 춤

    국립 모스크(Masjid Negara)의 돔 형태는 다른 모스크의 모양과는 완전히 다르다.
    튀르키예의 웅장한 돔을 비롯한 우리가 알고 있는 이슬람 돔은 거의 원형의 돔이지만, 이곳은 우산을 접은 형태의 탑과 우산을 조금 편 형태의 돔으로 설계되어 있다.

국왕이 행차를 할 때 비나 장애물에 대한 대비로 가지고 있는 접은 우산 형태의 탑. 그리고 국왕이 국민의 어려움이나 장애 요소를 항상 보호하고 있다는 뜻에서 만들어진, 우산을 조금 편 형태의 돔이다.

국립 모스크의 탑과 돔. 우산을 접은 형태와 조금 편 형태이다.
〈Tourism Center 홍보용 책자〉

◀ 회교 사원의 탑에는 시계와 확성기가 있다. 시간을 알 수 있고, 일 5회 방송을 통해서 기도를 한다.

호텔의 프런트에도, 헬스장에도, 시내 건물에도, 공공장소에서도 시계를 볼 수가 없었다. 아직도 궁금하다. 종교와 관계가 있을까?
그런데 주민 거주지역인 KOMPONO BHARU의 입구 아치문에서 드디어 시계 하나를 발견하였다.

액티브 시니어의 한 달 살기의 마지막 날

이제 정들었던 말레이시아를 떠나야 한다. 그동안 복잡한 서울을 잊고 지내왔다. 아니, 잊으려 노력을 했다. 오로지 지금 여기에 마음을 두고 싶었다.
만족하고 기쁘고 도움이 된 일들, 다소 미흡하고 불편했던 일들…. 모두가 나의 시간, 나의 인생이다.
이를 토대로 더욱 밝은 에너지를 전하는 사람이 되겠다.

계획했던 일들의 시도와 성취에 높은 점수를 준다.
시니어에겐 특히 몸과 마음의 건강이 가장 중요하다.

로마가 하루에 이루어지지 않았듯이 건강은 매 순간 매일의 바른 생활습관이 되어야 가능하다. <K종합병원 게시판>

영국의 사회학자인 Peter Laslett은 『A fresh map of life』를 통해 인생을 4기로 나누었다. 시니어는 3기 인생~

- 1기: 약 30년 의존의 시기(출생-교육받음-사회 진입)
- 2기: 약 30년 독립 의무 책임의 시기
    (사회적 책임과 의무, 결혼, 2세 교육-은퇴/일)
- 3기: 약 30년 자기 성취의 시기
    (활동적 시니어로 생활, 버킷 리스트 수행-자기 일)
- 4기: 10일~10년 의존의 시기(요양원, 입원, 藥 연명 시기).
    4기 기간이 최소 10일 이내로 되길!!

우리는 채움과 비움의 밸런스, 즉 조화와 균형의 소중함을 알고 있다. 아울러 수면, 활동(운동), 생체 시계, 후성유전학 모두가 강조되는 시대에 살고 있다.

우리의 세포는 산소와 수분과 효소, 비타민, 미네랄이 가득한 자연의 음식을 좋아한다. 토요(土謠), 흙이 노래하는 유기농으로 재배된 식물과 다양한 색깔의 Color Food를 좋아한다.
제발 자신의 자연치유력의 가장 근본인 항상성을 방해하지 말기를 부탁드리고 싶다.

끝으로 지인에게 드릴 선물이 필요하여 이곳에서 유명하고 인기 있는 몇 가지를 구입했다.
- 카푸치노 커피(막대 설탕 분리)
- 카야 잼: 코코넛 밀크가 주 성분이며 인기 있는 선물이다.
- 미네랄이 풍부하고 깨끗한 히말라야산 핑크 암석 소금
- 인기 있는 유명 초콜릿 등

한 달 살기에 직간접으로 도움을 주신 모든 분께 감사를 드린다.

제2장
남해 15일 살기

1. 남해 벚꽃, 노량 해전, 해변 맨발걷기
2. 남해 바래길
3. 남해 보호수
4. 남해 비가 내리는 날 & 화창한 봄날

1. 남해 벚꽃, 노량 해전, 해변 맨발걷기

 2024년 봄의 꽃이 늦게 피고 있다. 또한 개화기에 강진 지역의 냉해로 피지도 못한 채 떨어진 백련사의 동백꽃이 못내 아쉬움으로 남아, 남해에서는 활짝 핀 벚꽃을 더욱 기대하고 있었다.
 고맙게도 개화기와 시간이 맞아 미소와 감탄이 저절로 나왔다. 왕지 벚꽃길!! 바다와 벚꽃과 유채꽃 그리고 남해대교와 노량대교가 어울려 최상의 아름다운 꽃길이 되었다.

남해대교와 잘 어울리는 벚꽃과 유채꽃

왕지 벚꽃길

길 따라가는 곳마다 벚꽃 세상이 이루어졌다.

아름다운 섬 남해여~ 자연의 아름다움을 어찌 말로 표현할 수 있을까?

긴 겨울을 견디기 위해 나뭇잎을 모두 떨구었고 그리고 봄을 기다려 꽃부터 피어 내어 아름다움을 보여 준 후, 잎이 나오는 그 길을 택한 벚나무이다. 고맙다, 고마워~

멋진 남해대교를 달리면서 경치에 빠져들었다.

그리고 노량대교로 유턴하여 곧장 이순신 순국 공원으로 향했다. 그 유명한 노량해전이 벌어졌던 곳이다.

위령비 앞에서 장군의 애국 충절에 머리 숙여 묵념을 하였다.

"전쟁이 한창 급하니 나의 죽음을 알리지 마라."
이순신 장군님의 마지막 말씀이셨다.

1598년 11월 18~19일,
노량해전이 벌어졌던 그 위치로 가서 그때를 회상해 본다.
이곳은 원래 바다였지만 지금은 많이 변화된 모습이다.

집으로 가는 길에 머무는 집 근처에 있는 월포해수욕장의 모래 위 맨발 걷기로 하루를 마감하였다.

나의 몸이 고맙다고 내일도 오라고 한다. 이곳에 와서 매일 하고픈 해변의 모래 걷기이다.

몸의 활성산소와 정전기가 줄어들어 몸이 회복되고 좋은 변화가 일어난다.

썰물의 시간(오후 4시경)에 맞추어 오면 보다 바다 안쪽에서 걸을 수 있다. 모래의 감촉이 더욱 좋고 해변의 속살을 볼 수 있어 좋다.

곧이어 밀물이 될 때는 지구(자연)의 소리인 파도 소리가 선명해진다. 그리고 갈매기 소리, 바람 소리, 까마귀 소리 등이 나의 부교감 신경을 활성화시켜 상쾌한 마음이 된다.

자연과의 교감에 이보다 더 좋은 게 있을까 싶다.

몽돌 해변

은모래 해변

108층 680개의 곡선 형태의 다랭이 논

    가천마을 다랭이 논은 설흘산과 응복산 아래 바다를 향한 산비탈 급경사에 논으로 조성되어 바다와 조화를 이루어, 빼어난 농촌 문화 경관을 형성하고 있어 경관의 가치가 뛰어나 2005년 국가 명승 제15호로 지정되었다. <남해 다랭이마을 소개 안내판 자료>

논과 마을이 자연과 하나된 다랭이마을 모습

2. 남해 바래길

자연환경과 사람들을 두 발로 걸어 완벽하게 만나는 걷기 여행길이다.

2010년 첫걸음을 열고 2020년 새롭게 리모델링되었다.
총 거리 256km, 본선 16개, 지선 4개, 섬 지선 2개, 마을 테마 3개 코스로 구성되어 있다.
<남해 바래길 자료 옮김>

남해 보름 살기를 하면서 어찌 이 숨어 있는 자연과 살아온 선조들의 흔적과 현재의 삶을 보지 않으리오~~

편히 걷는다는 것의 소중함을, 살아 있음을 알고 있는 나이라 더욱 좋았다.

남해 다정리 지석묘 다초 바래길 중

무엇보다 놀랍고 감동적인 것은 IT와 연계한 앱이었다.

세계 어디에도 이렇게 잘 만들어지고 운영되는 곳은 없다고 알고 있다.

걷기가 좋은 것은 모두 알고 있지만, 만보기를 차고 열심히 걸어도 오래가지 못하는 경우가 많다.

그런데 이 앱(app)을 켜고 걸으면 아주 재미가 있다. 걷는 길에 맞추어 색깔이 바뀐다. 코스를 벗어나면 경고음이 알려 준다. 혼자 걸어도 함께 걷는 것이다.

완주 후 받는 배지는 어떤 선물보다 뿌듯하고 좋다.

또한 '나의 공간' 란에는 지나온 코스에 횟수가 표시되고 남아 있는 구간을 보여 주어 나를 자극한다.

정말 우수한 길잡이 선생님이다.

다초 바래길을 노르딕 워킹으로 걷는 프로그램을 신청하였다. 아침에 모여 함께 웃으면서 노르딕 워킹법을 배우고 함께 걸었다.

보호수도, 역사적 유물도, 호수길도, 마늘밭도 지나고 바다가 보이고 벚꽃이 만개하여 우리를 반겼다.

마을 길을 지나면서 따뜻함을 느낀다. 예쁘게 가꾼 집 마당에 모

종을 옮기고 계시는 주인장께 낮은 담장 밖에서 반갑게 인사를 주고받았다.

저수지를 지나면서 사진을 찍었다. 앵글이 좋아 보여서다.

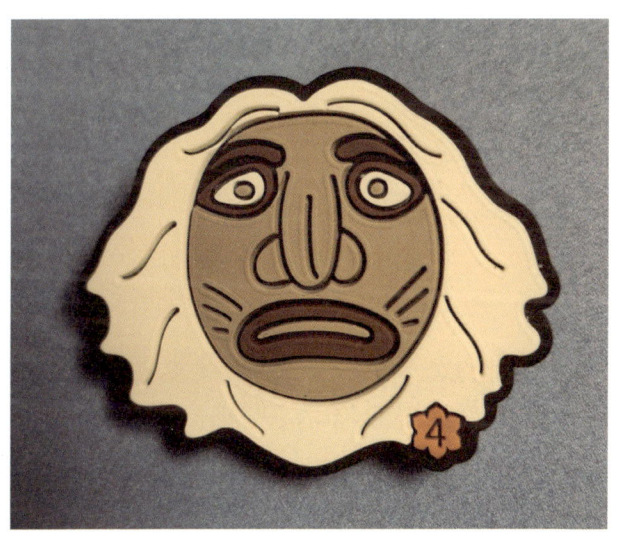

드디어 완주 배지를 받았다. 참 기쁘다. 미소를 머금은 채^^

섬 지선인 조도 바래길과 호도 바래길 걷기

　남해 바래길 지도에 배편의 시간이 자세히 나와 있어 아주 좋았다. 간단한 간식과 물을 준비하고 조금 일찍 조도호 선착장에 도착했다.

　주차도 아주 편하게 근처에 할 수 있었다.

조도호 타는 곳과 매표소

　배를 타는 것은 어떤 설렘이 있는 것 같다. 부두의 모습은 낯설지만 정감이 간다. 배를 타고 떠나지만, 배를 타고 돌아오기 때문이 아닐까 생각해 본다.

잠시 후, 우리를 태워 줄 조도항 가는 배가 들어온다. 반갑게 선장과 안내 어르신과 인사를 하고 승선을 했다.

조도 작은 섬을 지나고 큰 섬에 내렸다. 말끔히 단장된 코스를 따라 천천히 즐기면서 걷는다.

처음 만난 것은 교적비였다. 여기가 미조초등학교 미남분교였다 (지금은 다이어트 센터 준비 중).

1946.9.1. 개교-1999.3.1. 폐교, 졸업생 344명.
그때는 학생이 많았지만 지금은 아쉽게도….

가는 길마다 모든 게 자연이다. 나도 자연인 것을~~

잠시 머무는 곳에선 명상을 한다. 지금 바래길에는 오로지 나만 존재하는 것 같지만 그렇지는 않았다.

산소와 햇빛과 꽃의 향기와 모양이 다른 나무들과 흙의 냄새와 벌레들도 있다. 서로 공감을 해 본다. 이 시간 이곳에 있음에 감사를 드린다.

시간을 보면서 선착장에서 기다렸다. 곧 호도섬으로 가는 배가 올 것이다.

섬 주민분들도, 바래길을 찾는 분들도, 낚시하시는 분들도 이 배가 정말 필요하고 고맙게 이용을 하고 있다. 우린 함께 살아가는 것이다.

호도섬은 걷기에는 더 적합한 길이었다. 산길이 아주 좋다. 풍광 좋은 곳에서 사색을 해 본다. 사철나무 군락지를 지나고 전망 데크도 나왔다.

파란 바다를 바라보며 잠시 자신을 돌아본다.

건강한 몸과 마음을 계속 유지하는 것이 액티브 시니어인 우리에게는 무엇보다 중요하고 행복인 것을~~

내일도 있지만 오늘에 살고 있음을 감사와 만족을~~

자연이 깊게 나를 이끄는 것 같다.

호도항 옆 바위

처음 승선한 부두로 돌아갈 배가 도착하기까지 40여 분 여유가 있었다.

바다가 보이는 큰 바위에 맨발로 앉아(자연과의 교감) 물속에서 뛰어노는 숭어를 보면서 동영상에 담는다.

여기저기서 뛰어오른다. 신이 난 것 같다. 나름대로 자유롭게 잘 살아 주면 좋겠다.

자연은 함께 공유하고 동물과 식물과 땅과 물 등 모두 잘 보존되어야 한다.

즐겁게 무사히 일정을 마치고 돌아오는 길에 남해 바래길 탐방 안내 센터로 갔다. 앱에 완주된 표시가 나타난다.
 완주 배지를 빨리 받고 싶었다. 마침 보관하고 있는 게 없어서 주소를 남겼다. 시스템이 아주 잘되어 있다.

 '바래'라는 문구를 처음 접할 때 궁금하였다. 무슨 의미일까?
 바래는 남해 어머니들이 가족의 먹거리 마련을 위해 바닷물이 빠지는 물때에 맞춰 갯벌에 나가 파래나 조개 미역 고등 등 해산물을 손수 채취하는 작업을 일컫는 토속어다.

 드디어 바래하시는 분들을 볼 수 있었다. 즐거운 표정으로 호미를 잡은 손놀림이 예사롭지가 않다.
 정답게 서로 얘기도 하고 노래도 하셨다.
 때마침 사진을~~

바다의 조개류 등을 채취하는 바래 모습.
자연보호를 위해 지정된 날에만 바래를 하신다.

3. 남해 보호수

　남해군에는 수령이 오래되고 동종의 나무보다 큰 노거수(老巨樹)와 희귀한 수종 30여 그루를 보호수로 지정하여 보존되고 있다.
　여기를 살아가는 사람들이 그 가치를 인정하고 보존해야 한다고 인식하는 자원들이다.

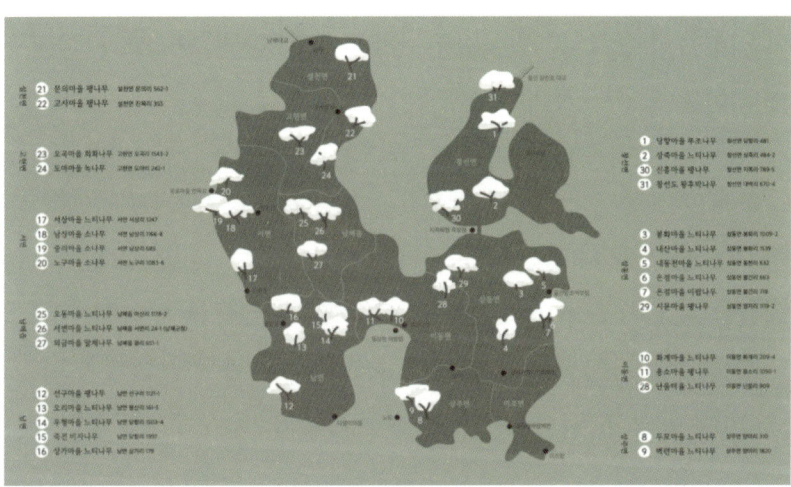

남해 보호수 프로젝트 옮김

　수백 년이 된 보호수들은 공동체를 품어 주는 하나의 장소이자, 해풍을 막아 마을과 농지를 보호하기도 하고 당산나무로써의 역할도 하고 있다.

전 국토의 약 0.35%인 남해군(357.52km²)에 이토록 많은 보호수가 있고 잘 자라는 이유가 무엇일까?

바닷가에 자란 보호수들은 해풍 속의 미네랄, 수분 등이 지속적으로 공급되어 그 영향을 미치지 않았을까? 그리고 보호수 주위에는 타종의 경쟁 나무가 없으며 오로지 1억 5천만 km를 날아온 녹색 에너지인 햇빛과 햇볕을 고스란히 받는 장소에 있었다. 이는 광합성이 아주 잘되어 충분한 포도당이 저장되고 필요한 영양소로 전환되는 능력이 뛰어났을 것이라 본다. 아울러 뿌리가 원하는 방향으로 자라고 수분 흡수력 또한 충분했을 것이다.

물론 연평균 1,722mm의 강수량과 연평균 기온 약 14도인 것도 영향을 주었고, 함께 살아온 선조와 현지 군민, 군청의 보살핌도 큰 기여를 하였을 것이다(개인적 의견).

해풍과 식물의 성장과도 어떤 관계가 있다고 생각한다. 예를 들면 이곳 남해의 시금치, 즉 보물초도 겨울 동안 노지에서 매서운 찬 해풍을 맞으며 얼어 죽지 않기 위해 체내의 전분을 신속히 당으로 변환시켜 생존을 택한 덕분에 달고 영양가도 높다고 정평이 나 있다. 이와 같은 맥락으로 볼 수도 있지 않을까?

겨울철 해풍을 맞으며 노지에서 자라고 있는 시금치
〈남해군 사진 옮김〉

나를 멈추게 한 창선도 왕후박나무

큰 도로인 서부로에서 우회전하여 내려오니 거대한 나무가 나를 기다리고 있는 듯하였다.

멀리서 차를 세우고 내려 감탄, 감탄을!!

천연기념물은 영예로운 나무의 영의정급이다. 국가에서 보호하지만, 방문객도 예의를 지켜 잘 보호해야 한다.

금연은 필수이고 만지지 말고 주차도 멀리하고 근처에 시설물은 설치하지 않아야 한다.

국가에서 지정한 보호수의 다종 순서를 보니 느티나무, 소나무, 팽나무, 은행나무, 회화나무, 왕버들나무, 향나무 순이다.

그러면 왕후박나무는 귀하고 특별한 수종임에 틀림없다.

1) 왕후박나무

경상남도 남해군 창선면 대벽리 670-4.
500년 넘는 왕후박나무. 높이 13m, 둘레 7.5m, 가지의 길이 10m 이상.
1982년 대한민국 천연기념물 제334호 지정

2) 당항마을 푸조나무

남해군 창선면 당항리 481
수령 220년 바다와 인접한 논밭 가운데 있어 당목과 병풍목 역할을 동시에 하고 있다. 〈네이버 자료 옮김〉

3) 외금마을 말채나무

아직 잎이 나오지 않은 이른 봄이라 그 위용을 볼 수는 없었지만….

4) 천연기념물 150호, 물건리 방조어부림

천연기념물 제150호 물건리 방조어부림 전경 〈KBS 창원 방영 옮김〉

    방조림은 바닷물이 넘치는 것을 막고 농지와 마을을 보호하기 위해 인공적으로 조림한 숲이고, 어부림은 물고기가 살기에 알맞은 환경을 만들어 물고기 떼를 유인하는 역할을 하는 숲이다.
    이곳은 두 가지 기능을 하기에 방조어부림으로 지정되었다.

낙엽 활엽수인 팽나무, 푸조나무, 말채나무, 상수리나무, 느티나무, 이팝나무와 상록수인 후박나무 등으로 조성이 되어 있다. <다음 백과사전>

5) 화계리 느티나무 보호수

15일 살기 첫날의 모습

15일 동안 나뭇잎이 이렇게 잘 자랐다. 계속해서 여름의 모습으로 변할 것이다. 떠나기 전 한 번 더 보면서 인사를….

화계리 어촌마을

"15일 살기를 어디에서 할까?"

그러다 독립된 마당이 있어 아침 기체조를 할 수 있고, 바다가 보이는 어촌마을을 선택했다.

매일 새소리를 듣고 제비도 보고, 마늘밭이 옆에 있고 닭소리도 아침에 듣는 원하던 장소였다.

그리고 마을을 보호하는 589년 동안 자라고 있는 느티나무 보호수를 거실에서 마당에서 매일 볼 수 있어, 서울에만 지낸 나에겐 최상의 집이 아닐 수 없다.

6) 남상마을 소나무

소나무는 겨울에도 녹색을 보여 준다(사시사철이지만).
그래서 전원주택 겨울의 삭막함을 달래 주는 대표적인 나무이다.

7) 봉화마을 당산나무(느티나무)

8) 시문마을 팽나무

9) 우형마을 느티나무

마을과 거리에도 오래된 나무들이 많이 있다. 미래의 보호수들이다. 그리고 남해군에 공해를 유발하는 공장/산업이 없다는 것은 좋았지만, 그래서 인구가 계속 감소하고 있는 것은 안타까운 면이었다(1964년 137,914명 → 2024년 현재 40,699명)

아직도 직접 보지 못한 보호수는 다음 기회에 볼 것이다.
나무와 사람과의 공감~~ 나무는 사람에게 무한정 좋은 것과 필요한 것을 주고 다양함을 주는 고마운 나무이다.
지구를 보호하는 나무여 ~~~

4. 남해 비가 내리는 날 & 화창한 봄날

어젯밤부터 여기 어촌 마을에도 바람과 함께 비가 세차게 내렸다. 빗소리를 가까이 들어 본 지가 아주 오래전이다.

주위의 집들도 우리 집도 나에게 빗소리를 들려준다.

나무와 들판의 식물들이 아주 좋아한다. 특히 마당에 있는 소나무가 가장 좋아하고 필요로 한다. 집의 뒤편에서 자라고 있는 마늘과 파는 키가 더 클 것이다.

마당에 떨어지는 비가 규칙적이고도 불규칙적으로 내린다.

옛날 어린 시절을 생각나게 하였다.

비 오는 날에는 이곳 남해에서 가야 할 실내 문학관/박물관 보호수 등이 있다.

1) 유배 문학관을 찾았다

학창 시절 배운 구운몽과 사씨남정기를 쓰신 김만중 님을 비롯한 유배 중에 창작 활동을 한 분들의 귀한 시와 글들이 소개되어 있는 곳이다.

관람하는 내내 마음이 아프고 안타까웠다. 열심히 공부하여 홍문관 대제학의 관직까지 지내다 그렇게 유배를 가고, 가족은 노비 등이 되고 생을 마감할 죄목이었던가 싶다(사견).

김만중 님은 한양에서 이 멀리 남해까지, 그리고 노도섬까지 유배되었다. 1689년 3월~1692년 4월, 3년을 겨우 견디시다 56세의 일기로 생을 마감하셨다(그때는 남인, 북인, 노론, 소론 할 때다…).

물론 우수한 문학의 글이 사장되지 않고 전시되어 정말 다행이라고 생각했다.

2) 독일 마을의 파독 전시관

알려진 대로 1960~1970년대 정부는 국가 건설을 위해 독일과의 협정이 필요했다. 독일에서도 우수한 광부와 간호사가 필요했다. 그래서 국가를 대표하여 독일로 가셔서 일을 하신 분들이 돌아와 모여서 살면서 독일 마을이 형성되었다고 한다.

그리고 파독 전시관이 세워졌다. 아주 잘 설명이 되고 사진이 잘 전시되어 있다고 알고 있다.

지자체에서도 더욱 관심을 가져 주면 좋겠다고 생각했다.

마침 수리 기간이라, 아쉽지만 다음 기회를~~

대신, 살고 계시는 집들을 거의 모두 보았다. 집 앞에는 파독 동기와 독일 생활 등의 사연이 적힌 팻말이 있었다.

이곳저곳 모두 읽어 보니 마음이 애잔하였고 안타까운 사연도 있었지만 즐겁게 사시는 모습이 좋아 보였다.

3) 남파랑길 여행 지원 센터(남해 바래길 탐방 센터)

　SNS를 통해 남파랑길이 있음은 알고 있었지만, 이렇게 체계적으로 IT와 휴대폰을 연결한 시스템이 되어 있는 줄은 몰랐다. 그리고 여행 지원 센터가 깨끗하였고 3층 휴게실은 무인으로 운영되지만 좋은 원두의 커피와 차를 선택해서, 마시고 자기가 사용한 컵은 씻어 살균기에 담아 놓고 가는 앞서가는 시스템이었다. 시민의식이 최고인 나라가 되었다.

　남파랑길은 남쪽의 쪽빛 바다와 함께 걷는 길이라는 뜻이며 부산 오륙도에서 해남 땅끝 탑까지 남해 해안을 따라 연결된 90개 코스(11,470km)이다.
　나는 그중 남해 바래길 구간 몇 군데를 걸으려 했고, 이 센터에서 앱을 깔아 주었다.

4) 남해탈공연박물관

　경상남도 남해군에서 설립·운영하고 있는 남해탈공연박물관은 전 동국대학교 예술대학장 김흥우 교수가 평생 모아 온 공연 예술 관련 자료(3만여 점)들을 기증함으로써 이루어졌다.
　본 박물관은 예술 창작 및 연구를 돕기 위하여 2008년 폐교된 다초초등학교 분교를 리모델링하여 전시관, 도서관, 실험극장을 갖춘 살아 있는 다목적 공간이다. <남해탈공연박물관 소개 자료>

　2층엔 세계의 다양한 탈 전시장이 있으며 탈의 역사도 설명되어 있었다. 1층엔 어린이들이 탈을 만드는 방도 있어 아주 좋았다.

5) 화창한 봄날의 임진성(壬辰城): 남해바래길 코스 중

 임진성은 민보성(民堡城)이라 부르기도 하는데, 임진왜란 때 왜적을 막기 위하여 군, 관, 민이 힘을 합쳐 쌓았다 하여 붙여진 이름이다.

 남해도의 평산포 북쪽에 뻗은 낮은 구릉에 돌을 이용하여 둘레 286m의 작은 규모로 쌓은 산성으로, 동쪽과 서쪽에 문을 내었는데, 현재는 동문 터만 남아 있다. 성안에는 우물터가 있으며, 성벽의 바깥으로는 주변에 물길을 돌린(해자) 흔적이 있고, 옛날에는 성루, 훈병사, 감시사, 망대, 서당들도 있었다고 전해 온다.

임진성 집수지

조선 초기에는 왜구의 침입이 예상되어 관리를 파견하여 지켰던 곳이었으나, 16세기 중엽 이후부터는 지방 주민들이 유사시에 피난하는 곳으로 이용되었다. 현존하는 성벽의 남쪽 동문 터와 서문 터 사이의 173m는 최근 보수 공사를 거친 것이다. <위키백과 자료>

6) 원예예술촌

원예 전문가를 중심으로 집과 정원을 개인별 작품으로 조성한 마을이다.

5만 평의 대지에 크고 작은 20세대가 정원을 가꾸며 살고 있다. <원예예술촌 소개 자료>

봄이 되면 여러 꽃들이 더불어 반겨 줄 것 같다.

7) 남해 보리암

경상남도 남해군 상주면 금산(錦山) 남쪽 봉우리에 있는 남북국 시대 통일신라의 승려 원효가 창건한 암자. 문화재 자료. <백과사전>

보리암에서 바라본 모습들

남해 15일 살기를 마치면서 느낀 점이 많았다. 도시를 떠나 이 곳의 자연에 매료되어 머리가(뇌가) 맑아졌고 즐거운 일만 있었다. 남해가 잘 보존되길 바란다.

고마워 남해여~ 잊지 못할 바래길의 순수한 자연을~~

제3장
순천 15일 살기

1. 순천 도시와 유명지
2. 순천 국가정원, 습지, 드론 쇼
3. 순천 인근 명소와 파크골프장 & 마무리

1. 순천 도시와 유명지

🧳 출발 전

순천시의 면적은 910㎢, 인구는 276,000명(24.09 기준)이다. 市花인 철쭉은 지금이 가을이라 볼 수 없지만 市木인 까치밥이 달린 감나무와 순천만을 다시 찾아올 시조(市鳥)인 흑두루미를 만나길 기대하고 있다.

"뇌를 설레게 하면 치매 예방에 아주 좋다. 대신 고독은 담배 15개비 피우는 것만큼 나쁘다"라고 한 작가가 말씀하였다.

새로운 곳을 갈 때의 주위 풍경은 너무나 새롭고 아름답다. 특히 순천만국가정원과 습지는 나의 오감을 자극할 것이고 50년 전 갔던 졸업여행지도 다시 가 보고 싶다.
특히 이곳은 맛의 고장이다. 갈 곳을 미리 검색하고 좋아하는 여러 음식을 먹을 것이다.

🧳 서울에서 순천으로

드디어 순천시에 접어들고^^
오거리 신호등 몇 개를 지나 머물 곳에 도착하였다.

상업과 위락의 중심지였던 장천동~~ 골목길 안쪽의 조용한 감성 숙소였디. 지금은 도심의 상권이 달라졌지만 1990년대 호황을 누렸던 곳이라 한다.

Stay Dooroo

옛 건물을 리모델링하여 젊은 부부가 어머니와 함께 빛이 나는 숙소로 탈바꿈시켰다.
 '스테이 두루'는 흑두루미의 두루 / 순천시에서 두루두루 여행의 의미라고 하셨다.
 - 부부: SNS 홍보, 지역 프로그램 참여, 아이디어, 경영
 - 어머니: 흑백요리사급 요리 솜씨, 인자하신 모습

때마침 순천시에서 주관하는 '나를 위한 시간 순천 한 달 살기 (청년 프로그램)' 숙소로 지정되어 함께 1층 공용 공간에서 제공하는 아침 한식 식사를 같이하였다.
 프랑스와 일본 여행객들에게도 알려져 이곳을 자주 찾는다.

방으로 배달되는 바구니에 담은 조식(한식)
눈과 입, 세포 모두 환영

젊은이들과 함께 아침 조찬을

아침 일찍 글을 쓴 1층 공용 공간

아침엔 조용한 골목길에 나가 기체조로 시작을 했다.
15일 머물 나의 집, 나의 룸 2○○호.
깨끗하게 잘 정돈되어 있고 방의 공간을 활용하여 이쪽저쪽으로 two room처럼 되어 있었다.
중간 사이에 소파와 탁자가 있어 휴식하기에 좋았다.

이제 곧 재충전의 밤이 온다. 생체 시계에 맞추어 밤의 호르몬인 멜라토닌과 성장 호르몬이 분비되고 세포 분열이 되고 암세포를 제거하는 시간이다.

잠을 방해하는 소음공해가 없어 무엇보다 좋았다.
하지만 빛 공해를 차단해야 했다.
창문을 통해 들어오는 골목길의 가로등과 야간 간판 등이다.
DNA가 원하는 밤은 어둠이 필요하다. 아니면 멜라토닌 호르몬 분비가 거의 절반으로 된다.

오늘의 소중함과 감사함을 갖고 첫 밤을 맞이한다.

가져온 암막 커튼을 두 창문에 설치하였다.

특히 유명지에서 장기로 살기를 계획하시는 분은 반드시 갖고 가시길 추천드림.

아침에 일어나 주위를 돌아보니 어릴 때 갔던 곳과 비슷한 이발소와 식당, 미용원과 장천 노량극장 등이 있다. 그리고 좌우를 잇는 골목길이 드라마 세트 장소 같았다.

나의 뇌는 재빨리 나의 분위기를 알아차린다.

숙소 옆 장천 노량극장

순천시는 사통팔달의 도시이다. 특히 순천만국가정원은 여러 번은 가 보아야 제대로 볼 수 있을 것 같았다.

    이곳에서 차로 10분 거리라 편리하였고 아울러 동서남북의 유명한 곳(파크골프장 포함)을 다니기엔 적격이라 생각한다.

🧳 Hot한 시내의 두 명소, 청춘 창고와 Brewworks

청년들의 꿈을 키우는 창업공간, 청춘 창고

Brewworks

옛 양조장을 이렇게 활용하고 있었다.
직접 구운 마늘 빵과 100% 다크 초콜릿이 좋았다.

다시 찾은 추억의 장소 향교와 송광사.
1974년 대학 졸업 여행을 이곳에 왔으니, 50년 만이다.

🧳 순천향교

1407년 순천성 동쪽 2.8km 지점 창건, 1801년 현재의 금곡동 이전. 1985년 2월 25일 전라남도 유형문화유산 지정. <네이버 백과 참조>

전라좌도 지역에서는 최대 규모의 향교로 발전하였으며, 전통적으로 강한 유림세력의 기반을 갖춘 곳이다.

마침 조용하여 기체조 잠깐~

향교 홍살문

 **송광사**

신라 말, 혜린 선사에 의해 창건.

송광산 길상사(100여 칸, 30~40명의 스님 거주)

보조국사 지눌 스님은 9년 동안(명종 27년 1197년~희종 원년) 이곳에서 수많은 대중을 지도하여 한국 불교의 새로운 전통 확립.

정유재란과 6.25를 겪었으나, 지속적인 중창불사로 지금의 위용인 송광사가 되었다. <송광사 홈페이지 참조>

송광사 대웅보전

50년 만에 다시 찾은 송광사는 아름다움과 위용을 갖추고 있었다. 마음이 숙연해진다.

법정 스님이 머무신 불일암 가는 길: 무소유길

무소유는 '아무것도 갖지 않는다'는 것이 아니라 '불필요한 것을 갖지 않는다'는 의미이며, 버리고 비우는 일은 결코 소극적인 삶이 아니라 지혜로운 삶이라는 말씀을 되새겨 보았다.

2. 순천 국가정원, 습지, 드론 쇼

🧳 순천만국가정원(34만 평)

살아 숨 쉬는 생태 수도~ 지구의 정원이라 불리는 순천만국가정원을 낮에 2번과 저녁 시간에 2번을 다녀왔다.

그래야 제대로 보고 그 깊이를 조금이나마 알 것 같았다.

서문으로 입장하여 만나는 순천만국제습지센터, 편백숲 길, 가을 정원 그리고 市花인 철쭉 정원 등은 동문으로 입장하여 만나는 풍경과 또 다른 분위기였다.

아울러 WWT 습지에는 홍학과 조류들이 마음 놓고 살고 있어 다행이고 보기가 좋았다.

WWT 습지와 홍학 무리

동문과 서문을 이어 주는 스페이스 브릿지도 갈 때와 돌아올 때 느낌이 달랐다.

우주선 모양의 스페이스 브릿지

저녁의 풍경은 낮과 다르게 색다르다. 다소 촉촉해져 있는 흙길을 가뿐히 걸을 수 있고, 최소한의 간접적 조명을 받은 꽃들이 수줍음을 타는 것 같기도 했다.

밤의 국가 정원

아울러 불 켜진 정원 워케이션 글램핑의 모습이 더욱 정다워 보였다.

워케이션 글램핑

새로운 시각으로 바라본 순천만국가정원은 자연 회복과 함께 인산과 자연을 이어주는 소통 공간이며, 거대한 자연과 문화를 한정된 정원에 조각하고 나타내는 위대한 작업이라 여겨졌다.

국가 정원의 랜드마크인 호수정원은 순천시를 가로지르는 동천과 도심과 이를 둘러싼 5대 산과 순천만을 호수정원에 담아냈다. 와!
동천에서 끌어온 호수의 물은 다시 동천으로 나가 순천만에 이른다.

이 훌륭한 설계는 국제적 건축가 겸 조경 디자이너인 찰스 젱스(Charles Jencks, 스코틀랜드)가 온 마음을 담아 만든 작품이다.
이 디자이너를 선정한 것은 스코틀랜드에 있는 다중 우주 정원의 작품이 순천 지역에 적합하고 같은 맥락이기 때문이라 생각되었다.

디자이너는 한때 광산이었던 스코틀랜드 구릉을 다중 우주적 경관으로 만들었다.

은하수와 안드로메다 우주가 어떻게 시작되었는지에 관한 미스터리를 소개한다.

스코틀랜드의 다중 우주 정원(220,000㎡), 찰스 젱스 작품!

각양각색의 이상한 물체들을 살펴볼 수 있다. 나선으로 소용돌이치는 봉분, 초승달 모양의 작은 늪, 비밀스러운 식각 문자, 반원형의 계단식 극장, 묘실 같은 방 등등.
하지만 크로윅 다중 우주는 기이한 지상 표현물들의 구조체 이상이다. 우리가 갖고 있는 우주관을 표현하고 있는 것이다.
<출처: https://arky7.tistory.com/3236 아라가야:티스토리>

그 디자이너를 초청하기 위해 관계자분이 직접 스코틀랜드를 방문하여 도시와 공원이 공존하면서 삶 속의 국가적 정원의 필요성, 탄소중립 역할, 기후변화 대응, 순천만 습지를 보존하여 자연을 회복하려는 강한 의지가 그분의 마음을 움직여 방한하여 설계를 맡

으셨다고 한다.

도시와 자연이 공존하는 멋진 모습

아울러 일본에서도 정원 설계를 제의했지만, 동양에서는 한 곳인 한국에만 설계를 하며 심지어 설계비는 무료(기본적 비용만 지불)로 하셨다고 한다.

특히 봉화산은 오르는 길과 내려오는 길이 다르다. 이는 강강술래의 춤의 움직임에서 착안하셨다고 한다(동양학 전공이신 부인의 도움).

봉화 언덕: 서서히 오르고 천천히 내려오는 길의 경사도는 아주 완만하다. 모두가 그 언덕을 함께 사용하도록 설계되어 있다.

1) 봉화 언덕(봉화산: 용당동, 356m)
2) 해룡 언덕(해룡산: 홍내동, 75m)
3) 인제 언덕(인제산: 인제동, 347m)
4) 난봉 언덕(난봉산: 매곡동, 547m)
5) 앵무 언덕(앵무산: 율촌면, 343m)

또한 항상 피어 있는 수많은 꽃은 순천시에서 조경 사업을 하시는 분들이 각각 가꾸신다고 하니, 최대의 윈윈 구상이 아닐 수 없다.

코스모스 정원. 그런데 흐트러진 꽃이 없다.

사진을 찍기 위해 안으로 들어가는 분들을 위해 아예 길을 만들어 놓았다.

아울러 꽃씨를 마구잡이로 뿌린 게 아니고, 하나하나 심었다고 하니 정말 국가 정원의 높은 가치를 느낄 수 있었다.

호수정원의 동천을 의미하는 다리 끝 호수 가장자리에 레드 벨트가 그어져 있다. 더 이상 자연을 침범하지 않겠다는 우리의 다짐의 선이다.

붉은 선 지키기: 더 이상 자연을 침범하지 않겠다는 약속의 선

키즈 가든 정원은 부드러운 굴곡과 빠른 흐름으로도 조성되어 있고, 또한 바위도 있고 제일 높은 곳에 나무 한 그루도 있게 설계되어 있다. 그 의미가 인생사에 비유된 디자인이라니 놀라웠다.

키즈 가든

흐르는 시냇물도, 채워진 흙도, 풀과 나무도 각종 국가별 정원도, 테마 정원도, 누드 비치 등 모두 복합적으로 조화가 되도록 꾸며져 있다~ 감탄이다.

냇물이 흐르는 장소에 누드 비치가 있다니~~ 의아했다.
하지만 우리도 자연이다!

가을날의 음악 산책

때마침 연주회가 열렸다. 분위기도 좋고 많은 여행객이 즐거워 하였다. 특히 순천시 노래가 인상적이었다.

그린아일랜드

오천그린광장 옆을 달렸던 4차선 도로를 잔디광장으로.

도시를 자연으로 돌린 우수한 사례이다. 순천 시민의 자랑이며 품격이다.

그린 아일랜드

'캠핑으로 그린 아일랜드' 행사 장면
〈KBS 뉴스 사진 옮김, 2024.8.31~9.1〉

** **biotop 습지:** bios(생명) + topos(영역) = 동문에서 세계 정원 지나 15,000㎡ 갈대밭
 야생동물이 서식하고 이동하는 데 도움이 되는 습지이다.

** **WWT 습지(Wildfowl and Wetland Trust):** 야생 조류 습지 단체(서문 국제습지센터 앞 지역)

전 세계 사람들과 야생동물을 위한 습지 조성, 복원, 보존, 관리를 전문으로 하는 영국의 대표적인 환경단체. 1946년 설립, 1975년 람사르 협약에 의해 1억 5천만 헥타르 관리 <야생조류섭지단체 소개 자료>

🧳 순천만습지(160만 평)

순천만습지는 세계 5대 습지이자 철새들의 도래지이다.
다양한 생태 식물들과 동물들이 살고 있다.

이렇게 순수한 자연의 보금자리이자 아름다움이 있을까 싶다.
 과거 도시가 계속 침범(번창)하여 생태계를 파괴하고 모래 굴착기와 쓰레기가 있던 곳을, 이제는 도시와 자연이 공존하면서 자연을 보호하는 곳으로 변화시킨 위대한 사업이 바로 순천만 습지일 것이다.
 염생식물과 저서생물의 보고이기도 하다.

이 순수한 자연의 사진만 보아도 마음이 편해지고 미소가 저절로^^

다시 찾아온 市鳥인 흑두루미가 소리(노래하며) 내며 훨훨 날고 같은 무리끼리 즐겁게 생활하는 광경은 나의 마음을 뜨겁게 하였다(여러 송류의 조류도).

이렇게 자유롭게 날 수 있는 것도 이곳에 있던 전봇대 282개를 모두 제거한 덕분이기도~~~ (박수를)

맨발 걷기 길을 걸으면서 바라본 흑두루미의 광경을 잊을 수가 없다.

돌아온 흑두루미

돌아와 먹이를 먹고 휴식을 취하는 흑두루미

이곳에서 천연 농법으로 생산된 쌀(볍씨)을 보관하였다가 필요할 때 새들의 먹이로 사용된다.

과거 이 지역에서 경작하신 분들과의 합작품이다.

환상의 드론 쇼

탁 트인 6만 평의 넓은 오천그린광장~~ 순천이 아니고는 이런 자연 장소가 있을까 싶다~~ (부럽다)

우린 1시간 정도 기다렸고, 드디어 저 하늘 멀리에서 드론이 줄을 지어 나타나기 시작했다.

기다린 순천 시민과 여행객 모두가 와~~ 환호성~~~ 와와~

2,025대의 드론이 밤하늘 저 멀리서 등장

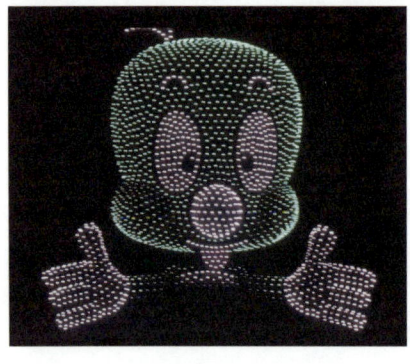

◀ 드론이 만든 작품들

환상적인 움직임을 보면서 2,025대를 조정하는 참가자들은 자랑이며 소중한 자산임을~~

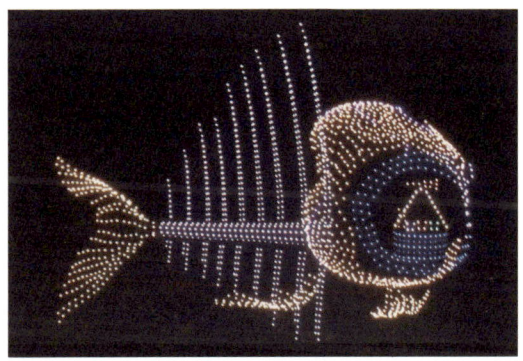

선물 상자를 만들고 뚜껑까지 열고…. 아기 공룡 둘리, 가시고기 등 하나하나가 고도의 기술이 필요한 작업이지 않겠는가~~ 모든 관람객은 소리와 함께 큰 박수를 보냈다.

순천 15일 살기를 하면서 보너스를 받은 느낌이었다.

동영상을 찍는 15분 동안 무한 감탄을 느끼며 동심의 세계로 갔다. 수고해 주신 모든 분께 감사를 드립니다.

3. 순천 인근 명소와 파크골프장 & 마무리

동서남북 파크골프장(순천시 기점 30분~50분 거리)
　11월 초순이지만 남쪽 지역이라 온화하고 잔디 상태는 최상, 난이도는 중 정도(개인적), 복잡함 없이 라운드를 즐겁게 하는 구장들이다.

득량 파크골프장

〈순천시 기점 30~1시간 거리 파크골프장〉

파크골프장	홀	참조
순천상사 파크골프장	9	순천시 상사면 전원주택 단지 川邊 순천해룡파크골프장(18홀) 24. 11월 개장(협회 회원 사용)
광양동천 파크골프장	18	만나자 배우자 행복하게 변하자의 슬로건 광양시 광양읍 강변동길 216 (외지인 20명/일 오전만 입장료 및 예약)

보성득량 파크골프장	18	파3 골프장을 파크골프장으로 만든 구장 잔디 상대기 최상이며 바다를 보며 샷 하는 산속의 환상적 구장 보성군 득량면 공룡로 1319-10(예약)
섬진강 피크닉광장 파크골프장	18	경비행장을 파크골프장으로 만든 구장 섬진강 변 편안하고 즐기기 좋은 구장 하동군 고천면 전도리 882-3(예약)
섬진강둔치 파크골프장	18	54홀까지 확장 구상 24년 개장 광양시 진월면 월진리
화순파크 골프장	87	화순군 청룡면 풍암리 93-9 외지인 환영
능주파크 골프장	18	화순군 소재 구장
여수장도 파크골프장	18	율촌 장도공원 내의 지형을 이용한 구장 (공원 내 추가 18홀 증설) 외지인 환영

순천 15일 살기 하면서 임시 주민 차원에서 상사구장은 라운드 가능.

산속의 잘 가꾸어진 득량 구장

섬진강 피크닉 구장

섬진강 둔치 구장, 2025 10월 개장

여수 장도 구장

화순 구장

능주/화순 파크골프장 도로 표지판

화순군은 생활체육의 저변 확대와 군의 발전을 위해 파크골프장을 건설하고 이용객의 만족도 향상과 친화적 운영을 위해 총력을 다하고 있는 모습이 보였다. 특히 국도변 여러 곳에 이정표가 아닌 안내 표지판을 세운 곳은 이곳이 처음인 것 같다.

지석천 지류에 조성된 홍수조절지를 활용하기 위해 2022년부터 영산강유역환경청과 업무 협약을 가져 획기적으로 하천 점용 허가를 획득하고 군비 63억 원을 투입하여 2024년 10월 11일, 드디어 개장한 의미 있고 아름다운 구장이다(홍수조절지란 평소에는 자연생태 활용 휴식 체육 장소로 활용하고, 홍수 시는 유량을 조절하는 곳이다).

능주 구장

광양 동천 구장

낙안읍성과 순천왜성

1. 왜구의 침입에 대비한 낙안읍성

- 1397년(태조 6년) 왜구가 침입하자 김빈길 장군이 의병을 일으켜 토성 축조
- 1626년(인조 4년)~1628년 임경업 군수가 석성으로 증수, 현재의 모습
- 1983년 6.14 사적 302호 지정. 현재 연간 120만 명 관광객이 방문한다.
- 세계문화유산 잠정목록 등재 및 CNN선정 대한민국 대표 관광지 16위
- 총길이 1,420m, 높이 4m, 너비 3~4m <지식백과 참조>

낙안읍성

낙안읍성 내부 마을

낙안읍성 마을 초가지붕 수리

낙안읍성에서 순천시로 돌아오는 길에 상사호를 찾았다.

2. 왜구(왜군)가 침입하여 쌓은 순천왜성

문지 1

문지 2

　전라도 지방에 유일하게 남아 있는 왜성으로 1597년 9월 중순 ~11월 말에 이르기까지 약 3개월에 걸쳐 쌓았다.

　1597년(정유년) 9월에 왜군은 경기도 부근 전쟁에서 패한 뒤 전라도와 경상도 남해안 지역으로 남하하였는데, 이때 각 지역의 요충지를 찾아 새로운 성을 쌓기 시작하였다.

순천왜성은 호남지방을 공략하기 위한 전진기지 겸 최후 방어기지로 삼기 위한 것이었다.

본성 입구

1598년 9~11월 동안 조명 연합군과 왜의 장수인 고니시 유키나가 사이에 벌어진 최대의 격전지였으며 임진왜란 7년의 마지막 전투이기도 하였다.

천수기단에서 바라본 현재의 매립지 공단. 당시에는 바다였다.

성곽의 구조는 본성과 외성으로 구성되어 있으며 본성에는 별도의 내성이 있다. 성곽 내에는 천수기단 문지 해자 등의 주요 건물지가 남아 있다. <현지 안내문 자료>

- 성을 쌓기 위해 지역민의 피폐함이 극심했을 것이다.
- 삼면이 광양만 바다로 둘러싸인 해안 절벽 위에 5층 규모의 흰색 천수각이 서 있었으니 꼴불견이었을 것이다.
- 지금은 공단이 매립지에 들어서 있다.
- 전쟁의 참혹한 기억은 평화를 유지하는 힘이 된다.
- 길이 1,342m의 내성과 해발 57m 본성(평탄함)

<배기동 전 국립박물관장 자료 참조>

전라남도 도립 미술관

몽상블라주 (24.9.03~12.8)
The Assemblage of Dreams.
"꿈들의 집합체라는 의미로 공존의 사회를 은유"

나로우주센터 우주과학관

청소년들에게 미래 우주 시대를 이끌어 갈 자신감을 고취시키고 대한민국이 열어 갈 우주 시대의 비전을 제시하고자 한다.
<자료 참조>

우리나라의 단 한 곳밖에 없는 우주센터이다. 대한민국에서 유일한 인공위성 발사장인 이곳에는 우주의 기본 원리, 로켓 인공위성 우주 탐사 등을 토대로 구성된 상설 전시관이다.
<'고흥을 만나다' 자료 참조>

고흥군 쑥섬

11월의 쑥섬

순천 15일 살기를 마치면서

남쪽 지역에서의 새로운 경험은 나이 오감을 자극하여 매일매일 즐겁고 행복한 시간이었다(여행의 묘미).

따뜻한 날씨와 깨끗한 공기, 순수 맛집이 많아 더욱 좋았다.

국가정원과 순천만습지를 가고 싶을 때 가서 맨발 걷기와 대자연을 보는 것이 무엇보다 좋았다.

아울러 처음 가는 인근 파크골프장 8곳에서 원하는 방향으로 공이 나아가 정확히 정지되었을 때 느끼는 만족감!

행복 호르몬인 세로토닌이 분비되었다.

시니어가 되면 집에 머물지 말라는 말이 있다.

움직여야(활동) 한다.

책 읽고 글 쓰고 새로운 사람과 얘기하고 새로운 지역을 갈 때 최대한 노화가 늦추어진다.

제4장
홍콩 크루즈

1. 크루즈 홍콩 승선과 시스템 1
2. 크루즈 생활과 시스템 2
3. 마카오 관광, 귀국

1. 크루즈 홍콩 승선과 시스템 1

🧳 승선과 시스템 1

나트랑 기항지 때 겨우 전체를 담았다.

크루즈를 타러 홍콩으로 간다~~

궁금하고 기대되고 설렘으로 가득 차 있었다. 선내에서 진행되는 거의 모든 프로그램을 즐길 수 있기를 바라고, 맛있는 음식과 시야가 좋은 14~15층 수영장과 수영장 옆 비치 의자에 누워 大海(수평선)를 바라보면서 아무 생각 없이 海멍도 하고 싶다.

수영복도 헬스복도 기후에 따른 옷도, 그리고 차려입을 옷까지 큰 가방이 필요하였다.

안전한 크루즈 탑승을 위해 홍콩에 하루 전에 도착하여 다음 날 크루즈 터미널로 가기 편한 지역의 호텔도 예약하고, 홍콩까지 가는 라운드 비행기 표도 예약하고 두루 할 일이 많았다.

약 5천 명의 승객(승무원 1,500명 별도)이 11시~15시까지 탑승하고 주어진 식사 시간에 모두 식사를 하고, 프로그램들도 진행하고 또 중간 기착지인 나트랑에서의 하선과 탑승 과정, 또 홍콩 종착지에서의 모두 하선하는 종합 시스템이 매우 궁금하였다.

또한 크루즈를 마치고 홍콩에 돌아와 다음날 페리로 마카오 여행을 가기 위해 편리한 홍콩섬의 역세권 호텔(2박) 예약도 필요하였다.

30년 만에 다시 가는 마카오… 많이 달라져 있을 것이다.

더 높은 곳으로 별을 향해

 크루즈 예약 |

Royal Caribbean Spectrum of the Seas, 홍콩 출발 (169,379톤, 객실 2,137개, 최대 승선객 5,622명(승무원 1,500명), 길이 347m, 넓이 41m, 높이 수면 아래 8.8m+수면 위

63m)

어마어마하다고 표현~~ 항공모함(십만 톤 정도)보다 톤 수가 많은 크루즈~~ 조선 기술의 꽃이 아닐까 생각하였다.

1) 예약

마이애미 본사에 직접 예약하는 방법과 서울에 있는 로얄 캐리비안 총판 회사에 예약하는 방법이 있다. 여러 가지를 상호 비교해야 한다. 부가 서비스와 비용, 팁 등이다.

2) 객실 정하기

객실을 미리(약 1년 전 Open: Early Bird) 정하면 같은 비용으로 좋은 방을 구할 수 있다.

나는 조금 늦게 예약한 관계로 일반 오션뷰 객실이 없었다. 조금 비싼 장애인 오션뷰 객실을 예약했다. 그런데 그게 아주 잘한 일이었다.

실내 공간도 넓고 동선 거리가 아주 편리하여 불필요한 이동을 대폭 줄여 주었다(추천).

3) 선사와의 Communication

예약을 하면 거의 모든 교신은 이메일로 한다. Digital Boarding Pass도 사전에 미리 받는다. 아주 중요하고 편리한 시스템이다. 그곳에 있는 바코드로 본인임을 증명한다.

Luggage Tag도 프린트하여 비닐 커버에 넣어 두었다.

크루즈 승선 터미널에 도착하여 짐을 맡기는 곳에서 본인이 직접 태그를 가방에 붙여도 좋다. 그리고 배에서 짐 가방이 나의 방까지 도착하기 전까시 필요한 **물품**은 작은 가방에 **별도**로 준비하면 좋다(수영복, 칫솔, 따뜻한 옷 등).

이외도 Guest Ticket Booklet, Guest Summary, Travel Summary, Travel Documents, Port Directions, Guest Services, Things to Know를 프린트하여 읽어 보면 도움이 된다.

 홍콩에 도착하다(크루즈 승선 하루 전)

공항에서 가방을 찾고 밖으로 나와 제일 먼저 필수품인 교통카드(Octopus Card)를 구입하는 장소로 갔다.

八達通(四通八達 의미), 다리가 8개이고 어디든 움직임이 가능한 문어의 뜻인 Octopus Card라 정했다고 한다.

버스는 탈 때, 지상 쾌도 전철은 내릴 때 카드를 찍는다.

1. 크루즈 홍콩 승선과 시스템 1

귀국 시 홍콩 공항 5층에서 11 HKD의 수수료를 제외하고 잔여 금액은 환급이 가능하다.

 홍콩 국제 공항(Chek Lap Kok Airport)에서 Kowloon 반도의 Harbour Grand Hotel로 가기 위해 버스 E23을 탔다. 변화된 도심을 보고 싶었기 때문이다.
 黃浦 정거장에 내리면 호텔까지 도보로 3분 정도다.

호텔에서 바라본 바다뷰

영화 도둑들에 나온 옥상 수영장

이곳은 바다 전경이 좋고(낮과 밤) 영화 「도둑들」의 마지막 장면을 촬영한 곳이기도 한 5성급 호텔이다.

바다 건너편 Kai Tak Cruise Terminal에 정박해 있는 우리의 크루즈(오른쪽)

이 터미널은 1998년 HK 신공항 개항 전에 사용한 HK 공항이었으며, 변환하여 크루즈 정박장으로 사용하고 있다.

호텔에서 바라본 야경

아침 첫 승선 시간인 11시에 도착하기 위해선 우버 택시로 15분 정도라 서둘지 않아서 좋았다.
승선하면 오픈되어 있는 뷔페에서 아침 식사가 가능하다.

크루즈 터미널에 도착하니 선사의 직원이 내가 가지고 온 사진의 태그를 본인 확인 후 인수하였다.

1) 시스템 1
각자 이메일로 받은 수하물 태그를 가지고 오니 불필요한 시간과 혼잡이 전혀 없었다.
그리고 체크인을 위해 한 층 에스컬레이터로 올라가니, 많은 여행객이 이미 들어와 있었다. 혼잡을 피하기 위해 고정형 체크인 창구 20여 개와 휴대용 태블릿 PC를 들고 체크인하는 직원이 15명 정도라 그 많은 여행객이 짧은 10분 이내에 체크인이 되었다. 놀라웠다. 공항보다 더 간편하다니~~

이동형 체크인

고정형 체크인 데스크

2) 시스템 2

 이 또한 각자 소지하고 있는 보딩 패스의 바코드에 직원이 스캔하면 나의 신상 명세와 여권의 내용과 비교하니 간단히 일 처리가 되었다.

 크루즈를 타기 전 이미 승객을 위해 모든 것을 준비한 결과라 여겨졌다(그래서 우수한 선사로 불리지 않을까).

그리고 여권 원본을 국가별로 이동 보관함에 모두 보관한다.

그런데 이 시스템도 긍정적이다. 배에서 분실/관리 위험이 없다. 다시 돌려줄 때 혼잡을 염려했었지만, 전혀 아니었다.

하선 하루 전 각 층의 지정된 몇 장소에서 본인 확인 후 간단히 받았다. 이 또한 1분 이내 처리되었다. 참 잘한다고 생각했다.

3) 시스템 3

배에서의 안내문 등은 객실 방문 앞 포켓이나 침대 위에 놓고 간다. 물론 선내에서만 사용하는 앱 사이트에도 알려 준다.

1,500여 명의 직원과 공연팀 등이 승객을 위해 반드시 필요함을 알았다.

보안 검색을 한 번 더 하였다. 보딩 패스와 여권 복사본을 제시하여 간단히 마무리되었다. 여권 복사본은 해외 나갈 때 항상 한 장을 가지고 있으면 긴요하게 쓰일 수 있다.

뷔페에서 식사 후 나의 룸으로 가니, 문 앞 봉투함에 키가 있었다. 참 간단하다. 이 카드는 신분증이라 매우 중요하다.

그동안 많은 승객의 소리도 듣고 체계적인 시스템을 위해 선사에서 Best 방법으로 선택되었을 것이다.

우선 선내에서만 가능한 앱을 다운받아 정보를 확인해야 했다. 로밍을 하였지만 이는 육지에서 현지 기지국을 통한 서비스 시스템이라 바다에서 사용하면 비용이 폭탄이다.

그래서 선내 사용 가능한 와이파이는 별도 신청을 해야 한다. 그런데 가격이 많이 비싸다.

　나는 지금 서울의 도시는 생각하지 않기로^^

　이제 즐기면 된다. 저녁 정찬을 위해 좌석 시간을 예약했다.

　아침과 점심은 예약 없이 가능하다. 뷔페는 항상 열려 있고 음식 준비 시간에만 잠시 입장할 수 없지만, 그 시간에도 피자나 핫도그 코너는 열려 있다.

　즉, 언제든 먹고 싶은 만큼 원하는 음식을 먹을 수 있는 곳이다(메인 요리도 2~3개까지 가능).

선내에서 사용하는 앱

　지금 여기에서의 마음, 자유로운 즐거운 생활, 공연 관람, 퀴즈 게임 참여, 춤 배우기, 악기 연주 듣기 등, 한 공간에서 모두 만나는 것은 크루즈에서만 가능하지 않을까 싶다~

　그리고 국내여행사를 통한 크루즈 여행은 편리한 면도 많지만 비용이 비싸고 여러 명이 같이 움직여 자유로움에 제약을 받을 수 있다고 본다. 같이 먹는 음식이 취향에 따라 좋을 수도, 좋지 않을 수도^^

　국외에서 출발하는 크루즈는 여러 민족이 탑승하여 음식과 음악도 다양하게 즐길 수 있는 장점이 있다.

2. 크루즈 생활과 시스템 2

17만 톤의 크루즈선이 홍콩에서 출항을 한다. 많은 승객이 갑판 위로 올라와 아름다운 석양의 바다와 연안 도시를 감상한다. 항구를 떠날 때는 항상 설렘을 갖는다. 왜일까~~

부두를 떠날 때

우리 왼쪽에 정박해 있던 노르웨이 선박인 Norwegian Spirit 크루즈는 약 2시간 전에 떠났다.

그 배가 먼저 떠날 때 웅장하고도 멋진 동체를 우리 크루즈 갑판에서 가까이 보았다.

(먼저 떠난 Norwegian Spirit 크루즈)

오늘 밤도 내일 낮과 밤도 계속 서쪽의 바다로 달려갈 것이다. 작은 도시가 큰 배를 타고 움직인다. 바다로 나아간다^^

처음 승선했을 때 우린 안전 교육을 받았다(필수사항).
이제는 디지털 시대이다. 스마트폰으로 보내 준 구명조끼 착용법과 재난 시 집결 장소에 대한 것이었다.
유사시 집결할 승선한 4층 지점과 나의 방과의 동선을 미리 파악해 놓았다.

그리고 개인 짐을 모두 방 앞에 배달하고는 비상벨이 울렸다. 모두 방에서 나온다. 항해 중 이 소리가 나면 집결 장소로 가야 한다는 훈련임을 알려 주고, 짐도 안으로 가지고 들어갔다(실효적 훈련이다).

4) 시스템 4
이 많은 인원을 어떻게 맛있게 풍족한 음식을 제공할 것인가(매일 다른 약 10가지의 Appetizer, Main, Dessert 코스와 뷔페의 음식과 간식을)?

그리고 별도의 전문 레스토랑 음식까지 아울러 이 많은 인원이 마시는 물과 사용하는 물을 어떻게 부족함 없이 공급을 하는가?

물론 바닷물을 淡水化하여 대부분을 안전하게 공급하겠지만, 지금도 세계 3억 명 정도는 담수화(Water Desalination)한 물을 매일 마신다고 한다~~

저녁 8:30분 예약한 정찬 시간이 되어 큰 식당으로 갔다.

그 시간에 맞추어 온 많은 승객이 잠시 기다려 좌석으로 안내된다. 서빙 승무원들은 베테랑급이다.

200여 테이블을 쉬지 않고 자기 구역의 테이블 승객을 위해 웃으며 빠르게 움직인다.

뷔페로 가는 승객도 많다. 그곳의 장점과 14층의 바다 전망이 좋아서다.

조용할 때 찍은 사진

혼잡을 피하기 위해 음식 제공 장소가 10여 군데로 분산되어 있다. 길게 줄을 서지 않아도 된다.

레저와 엔터테인먼트를 함께 즐기는 다목적 공간인 크루즈에는 대형 스크린이 있는 메인 풀, 성인 전용 풀, 키즈 풀, 솔라리움 풀, 웨이브 풀, Jacuzzi 풀, 선 데크, poolside bar 등이 있다.

대형 스크린에 '안녕하세요' 등 5개국 인사가 아침에 나온다.
그리고 저녁엔 영화를 상영한다.

물론 피트니스장과 아래 공연장 등 모든 게 갖추어져 있다. 도시의 기능이 모두 있다니^^

상하로 움직이는 승객용 엘리베이터가 20개이다. 전후 움직임은 나의 발(뇌)로 움직여야 한다. 무릎과 허리 근육을 항상 잘 관리해야 함을 다시금 일깨운다.

5) 대형 공연장

유명한 공연팀이 내정되어 함께 승선하여 최상의 기량을 발휘한다. 크루즈의 가치가 여기에서두 나타난다.

메인 싱어. 고난도 음악까지 환상적이었다.

6) 기타 연주회 &피아노 연주회
연주하시는 분은 베테랑이었다. 신청 곡도 모두 가능하였다.

7) 룸 서비스 음식
하루 전 원하는 시간과 음식을 주문지에 표시하고 룸 밖에 걸어두면, 다음 날 아침 배달 5분 전 전화로 알려 준다. 잠시 후 룸의 벨

이 울린다. 참 간편한 방법이다. 부족하면 뷔페로^^ (보다 품격 있는 음식은 유료이다)

8) 퀴즈 게임

참 어렵다. 그런데 80% 이상을 맞추는 사람도 있다. 1등에겐 선물이 있다. 로얄 캐리비안 회사 로고 마커다.

국기 맞추기

국기 맞추기(상품: 로얄 캐리비안 로고 마커)
1. Barbados 2. Uruguay 3. Lithuania 4. Italy 5. Bangladesh 6. Bermuda 7. Romania 8. Poland 9. Belgium 10. Nigeria 11. Norway 12. Sweden 13. Portugal 14. Indonesia 15. Bahamas ~~

함께 춤을 배우고 흥겹게~~

9) 보물찾기 / 동물 이름 맞히기 등
배 안에 특정 물체의 위치나 이름 알아맞추기

10) 카지노
즐겨 하시는 분들이 참 많다. 항상 만원이다.

11) 명품 쇼핑센터
4~5층 위주로 구성되어 화려함을 준다. 그런데 이곳에서 패션쇼도 한다.

12) 공간 활용의 극대화
모처럼 범퍼카를 타 보았다. 다음 날, 그곳은 농구장과 축구장이 되어 있었다.

그리고 다음 날은 미로를 만들어

패션쇼

서바이벌 게임을, 다음 날은 배드민턴 경기장으로 시합도 한다. 적어도 4종류를 같은 공간에서 시간을 달리한다. 공간 활용이 최고이다.

범퍼카

농구장, 축구장으로 변신

서바이벌 게임

배드민턴장으로 변신

시트 교환과 청소는 매일 한다. 그리곤 수건으로 동물을 다양하게 만들어 창문, 침대에 둔다.
이 많은 약 2,100개의 객실을 하려면 인원이 많이 필요할 터인데, 그래서 모두 1,500명의 승무원이 필요함을~~

기항지인 나트랑 부두가 가까워지고 있다.
하루 전 Passenger's Landing Card를 각 방으로 나누어 주었다. 보관 중인 여권 대신 이 카드와 신분 카드만 있으면 하선·상선을 한다. 참 간편!!

부두에서 나트랑 A 리조트로 가는 무료 버스를 타고 가는 도중, 사구가 있었다.

A 리조트에서 차도 마시고 바다로 전동카를 타고 구경도 하였다. 즐겁게 시간을 보낸 후 조금 일찍 돌아와 승선하고 14층에서 피자와 차를 마시며 바다를 보며 즐거움을~~

기항지를 떠나 큰 어장을 만나다.
환경 조건이 좋고 상업성과 필요성이 크기 때문일 것이다.

호위선인 작은 배가 계속 옆에서 거리를 유지시켜 준다(크루즈와 어장 사이).

바다를 바라보며 차를 마시며 끝없는 바다를 바라본다. 이 많은 물이 어디에서 왔을까? 태초에 우주에서 수많은 작은 얼음덩이들이 지구로 날아왔다고 알고 있다.

마지막 만찬의 파티가 있었다. 흥겨운 노래도 한 곡한다.

이때 여러 명의 셰프들도 참여하여 같이 춤을 춘다.

오늘 밤이 지나면 홍콩 기항지에 도착한다. 이제부터는 서에서 동으로 간다. 그런데 해류와 바람의 영향이 매우 컸다. 파도가 3층까지 가끔씩 올라온다.

선장은 최종 결정을~~ 속도를 줄이고 안전 운항을 위해 하선 시간표를 다시 작성하여 방으로 나누어 주었다.

하선 시간이 아침 6시 45분에서 9시 45분으로 3시간 늦어졌다. 스케줄이 급한 승객은 직접 가방을 가지고 하선 첫 시간에 내리게 해 주었다.

나는 그것을 선택했다. 홍콩섬으로 가서 호텔에 짐을 맡기고 섬 구경을 하기 위해서다.

13) 시스템 6 - 분산하여 하선하는 시스템

내릴 때 필요한 짐 Tag를 다시 방에 갖다주었다. 그리고 시간에 맞추어 하선할 승객은 정해진 시간에 가방에 태그를 붙여 객실 앞에 놓으면 터미널까지 배달된다. 그리고 시간에 맞추어 하선 지점으로 가면 된다.
 혼잡을 피해 함께 모이는 것을 피하고 승객의 편의를 위해 만든 최선의 시스템이다.

 잊지 못할 즐거운 크루즈 여행이었다.
 다음을 기약하며~~

3. 마카오 관광, 귀국

오전 일찍 크루즈에서 하선하여 홍콩섬 여러 곳, 하루 동안 관광을 하였다.

The Victoria Peak Tram을 타고 전망대에서 바라본 구룡반도

오늘은 마카오로 가는 날이다. 호텔에서 지하철 2호선 HK대학역에서 두 정거장인 上環역(Sheung Wan Station)에 내려 HK Macau Ferry Terminal (Sheung Wan) 3층 Ticket Office로 갔다.

크루즈 타러 떠나기 전 홍콩에서 마카오로 가는 배편만 무료로 제공하는 특별 행사가 있었다. 하나투어에서 터보젯(페리 회사)에 예약을 하고 무료로 받은 TurboJet Online Confirmation Letter

와 e-티켓 확인증(보딩 패스)을 제시하여 승선 티켓을 받았다.

마카오 가는 터보젯 쾌속정 〈홍보자료〉

1887년, 청 베이징 조약에 의해 포르투갈 자치령이 된 곳이다. 1999년 12월 20일 반환되어 중국의 특별 행정구가 된 도시, 마카오다.

지금의 마카오 카지노 매출액은 라스베이거스 카지노의 3배라니, 공격적 투자 유치와 특혜 그리고 관광객 유치의 성공 사례라 본다.

나는 30년 전 역사지구를 방문한 적이 있다(지금의 코타이 지역은 없던 시절).
유명 호텔로 널리 알려진 Cotai는 Taipa 섬과 Coloane 섬 사이의 바다를 매립해 만든 지역이다.
이름은 두 섬의 이름의 앞을 붙여 만들었다고 한다.

터미널에서 8시에 출발하여 약 1시간 후 Macau Outer Harbour Ferry Terminal(마카오 반도)에 도착하였다~~

길을 건너면 여러 곳으로 가는 호텔 셔틀버스가 있다.

나는 역사지구와 가까운 그랜드 리스보아 호텔로 가는 셔틀버스를 택했고 10분 후쯤 도착하였다.

우선 호텔 카지노를 구경하고 프런트 데스크로 가서 지도도 얻고 가는 방향도 물었다.

카지노 리스보아에서 우측 도로인 번잡한 AV de Almeida Ribeiro를 따라 5분 정도 걸으니 세나도 광장이 있었다. 그리고 앞쪽에 성 도미니코 성당이 있고 위쪽으로 걸어가면 좌측 골목이 육포 거리이다. 이를 지나면 드디어 세인트 폴 성당 유적지에 도착한다. 그 우측 산이 몬테 요새이다.

가는 도중에 금 돼지, 금장식 가게들이 많았다. 중국인은 역시 황금과 게임(도박)을 아주 좋아한다.

금값이 많이 올랐으니 소장하고 있는 중국인들은 재산이 늘어났을 것이다.

쉽게 세나도 광장에 도착하였다. 크리스마스 시즌이라 트리를 장식하여 분위기가 Up 되었다.

세나도 광장에 트리를

성 도미니코 성당

지금 이 시간까지 그 자리에 있어 정말 감사했다.

성 바울 성당(Ruins of St. Paul) 유적

역사와 품위를 유지하고 있는 성 바울 성당 앞면

1637년부터 20년간 건축되었으며 예수회의 대학으로 사용되다가 1835년 태풍과 세 번의 화재로 인해 본관이 붕괴되었고, 현재는 5단 구조의 정면 벽과 계단, 지하 납골당만 남아 있다. <다음 백과사전>

뒷면에 설치한 버팀목이 있어 앞면만이라도 볼 수 있다.

옆면이다. 보기가 안타깝지만 오래 견디어 주면 하는 바람이다.

몬테 요새에 올라갔다. 때마침 비둘기가 그랜드 리스보아 호텔로 향하는 대포 위에 앉아 있었다. 순간 전쟁과 평화, 그리고 현대의 모습~~

몬테 요새(Fortaleza Demonte)는 1622년 네덜란드 동인도 회사가 마카오를 점령하기 위해 포르투갈과 벌인 전투지로, 중국 영토에서 벌어진 유럽 열강 사이의 전쟁이라고 한다. 그때의 흔적이 지금도 고스란히 남아 있다.

점심은 코타이 지역에 가서 먹기로 하고 그곳으로 가는 셔틀버스를 이용하려고 그랜드 리스보아 호텔로 돌아와 그랜드 리스보아 팰리스 코타이로 가는(같은 그룹) 버스를 탔다.

이 코스가 제일 좋다. 단순 관광객보다 카지노 고객으로 보이면 더 친절하다.

코타이로 가는 다리 위에서

잠시 후 그랜드 리스보아 팰리스 코타이 호텔에 도착하여 식당가로 가서 먹음직스러운 두 가지 음식을 주문하였다.

양도 충분하고 맛이 아주 좋았다. 차도 마시고 충분한 휴식을 취한 후, 여러 유명 호텔도 보고 최종 베네시안 호텔로 정했다.

리스보아는 포르투갈 언어로 '좋은 항구'라는 뜻이다.

Grand Lisboa Palace 호텔 정문으로 나와 뒤편의 MGM 호텔로 향했다.

MGM Hotel에 가서 카지노를 구경했다. 선물도, 물도 준다. 친절하였다.

Londoner Hotel 도착하면 실내로 이어지는 곳곳에 볼거리가 많다.

Parisian Macao Hotel

Venetian Hotel, 베니스의 곤돌라를(소형) 타는 관광객

　관광을 마치고 베네시안 호텔에서 Taipa Ferry Terminal로 가는 셔틀버스를 탔다. 여유 있게 도착하여 티켓을 구입한 뒤, HK Macau Ferry Terminal(성완)에 도착하여 지하철을 타고 호텔로 돌아왔다.

　따뜻한 지역이라 그런지 호텔 난방이 되지 않아 체질에 따라 추울 수가 있다. 열풍기와 이불을 요청해 사용했지만, 내 몸은 항상성을 위해 부단히 노력하고 있었다.
　아침에 수영장에 갔으나 물이 차갑다~~
　사진만 찍고 헬스를 하였다. 홍콩이라도 12월은 겨울이다.

수영장에서 본 바다와 구룡반도

시간에 맞추어 도보로 4분 거리에 있는 공항버스 정거장에서 버스를 디고 공항으로. 그리고 무사히 인천공항에 돌아와 즐겁고 기억에 남는 크루즈 홍콩 마카오 여행을 마쳤다.

착륙, 인천공항의 밤 모습.
아름다운 한국~ 세계로 우뚝 서길 기원한다.

제5장
아라비아 크루즈

1. 미래를 설계하고 대비하는 도시 - 두바이
2. 신비의 나라 - 오만과 크루즈 생활
3. 건조한 사막 기후지만 번영을 - 카타르
4. 미래와 과거가 공존하는 - 아부다비

1. 미래를 설계하고 대비하는 도시 - 두바이

미래를 설계하고 대비하는 첨단 도시를 만나다.

2025년 2월, 드디어 두바이로 향하는 비행기를 탔다.
그곳에서 Costa-Smeralda 호를 타고 그리던 아라비아 국가들을 만나기 위함이다.
두바이 공항 이민국을 통과할 때 외국인에겐 FREE 10GB 유심 카드를 선물로 주었다. 뜻밖이었다.

두바이 부두에 정박 중인 Costa Smeralda 크루즈

2일간 Over Night 덕분에 서울에서 비행기로 저녁 7시경 도착하여 기다리지 않고 승선을 하였다. 일정에 따라 하루 전에 도착하여야 하는 경우도 있다.

약 30년 전 방문한 두바이의 전통 시장과 아잔의 목소리와 사막에서 낙타가 다니던 모습으로 기억에 남아 있는 두바이.

그리고 미래를 향한 도시로 탈바꿈한 아름다운 건축물과 친환경 도시인 팜 주메이라의 모습과 버즈 알 아랍 호텔 등이 특히 보고 싶었다.

크루즈에서 본 아틀란티스 더 로얄 호텔(좌측)과 팜 주메이라.
그리고 버즈 알 아랍 호텔(우측)

"상상력을 세일즈한다."

『셰이크 모하메드의 두바이 프로젝트』 책을 읽고 사진을 보면서 나는 크게 감명을 받았다.

더 넓은 세계에 대한 동경과 타 문화와 민족의 우수성도 배우고 존중해야 함을 깨달았다.

세계 100여 국을 여행한 동기를 주었던 두바이 프로젝트였다.

두바이 주민 수는 989만 명이나 자국민은 10%이며, 인도 파키스탄 필리핀, 중국, 유럽 등지에서 이민 온 시민이 90%라고 한다. 10% 자국민에겐 교육, 병원, 유학 등 모든 게 무료이다.

크루즈 탑승 후 발코니에서 본 팜 주메이라의 야경

1) 버즈 알 아랍 호텔(Burj Al Arab Hotel)

높이는 321m, 층고는 56층이고, 10억 달러를 들여 5년간 공사한 끝에 1999년 12월 1일 개관. 면적 8,000m², 22캐럿 황금박 30여 종, 24,000m² 면적의 대리석 등을 뽐내고 있다. <나무위키>

◀ 아랍 전통 목선인 Dhow의 돛을 형상화한 아름다운 모습.
　가까운 곳에서 또 다른 앵글로 촬영을~~

202개 전 층이 복층 스위트 룸으로 1박 약 2백만 원 이상이 청구되는 화려한 객실들~~

타이거 우즈가 헬기 착륙장에서 드라이버를 날리고 유명 테니스 스타가 그곳에서 시범 경기를 한 장소다.

공항에서 헬리콥터로 날아와 직접 체크인도 가능한 호텔이다. 두바이에는 화려하고 특색 있는 5성급 호텔이(수준은 7성급) 즐비해져 있었다.

2) 부르즈 할리파(Burj Khalifa)

828m, 163층(롯데타워 555m + 63빌딩 250m에서 23m 더 높은 빌딩) 현재 세계에서 가장 높은 빌딩~~

2008년 세계적 금융위기 시 모라토리움이 선언되어 UAE 대통령인 할리파 빈 자이드 알나흐얀의 32조 원 + 금융 지원 등으로 완공되어 감사의 뜻으로 빌딩 이름을 부르즈 두바이에서 부르즈 할리파로 변경하여 개관하였다고 한다.

◀ 부르즈 할리파의 밤 모습.
　수많은 관중이 분수 쇼를 보러 왔다.
　분위기를 Up!!

분수 쇼 - 엑소의 파워 음악
(세계 3대 쇼 = 라스베이거스 벨라지오 분수 쇼, 스페인 몬주익 분수 쇼, 두바이 몰 분수 쇼)

매일 오후 6시부터 11시까지 매 30분 간격으로 분수 쇼가 진행되어 부르즈 할리파의 밤의 모습을 볼 수 있으며, 이때 나오는 음악은 세계적으로 유명한 곡이 선정되어 있다고 한다.

우리나라 곡도 3곡이나 지정되어 있고, 마침 엑소의 '파워'가 나왔다. 신나는 소리와 쇼 장면을 볼 수 있어 매우 즐거웠다.
지정 3곡은 파워(엑소), 상어가족(아기상어), 슈퍼노바(에스파)이다.

분수 쇼를 기다리는 관중들

부르즈 할리파 밤의 조명은 여러 가지의 모양과 색깔로 나타난다.

3) 두바이 몰

세계 최고층 빌딩인 부르즈 할리파 옆에 세워진 세계에서 가장 큰 규모의 쇼핑몰로, 2004년 5월에 착공해 2008년 11월 4일 완공되었다.

올드타운인 아일랜드 타운하우스와 아파트 밀집 지역에 건설된 두바이 몰은 내부 엘리베이터가 95개, 에스컬레이터가 150개에 이르며 주차장은 1만 4천 대의 차량을 동시 수용할 수 있다.
　내부에는 세계 최대의 실내 아쿠아리움, 금 시장, 올림픽 경기를 치를 수 있는 규모의 아이스링크와 호텔이 들어섰다. 쇼핑몰 건설에 사용된 철제 구조는 13,800t으로 에펠탑에 사용된 양을 능가했다.

많은 관광객이 오고 간다.

두바이 몰 내부 스키장

저녁 식사를 두바이 몰의 Socia House에서 하였다.

이는 코스별 음식을 먹으면서 분수 쇼를 동시에 볼 수 있는 최적의 징소이었다.

이렇게 수많은 다민족 사람들이 모이는 몰을 최근에는 본 적이 없었다. 성공한 쇼핑몰이 아닐 수 없다.

4) Museum of the Future(미래 박물관)

2022.2. 개관, 79m 7층 높이.

Where the Future Lives~~ 차세대 과학, 기술과 혁신 강철과 유리로 된 비대칭 원형 구조.

세계에서 가장 아름다운 건축물 14개 중 하나(내셔널 지오그래픽 선정)이고, Shaun Killa 건축가 작품이다.

특히 2019.2 두바이 세계정상회의 때 셰이크 모하메드 빈 라시드 알 막툼 두바이 통치자(UAE 부통령)가 대중에게 표시한 3 손가락의 동상이 인상적이었다. <Win, Victory, Love>

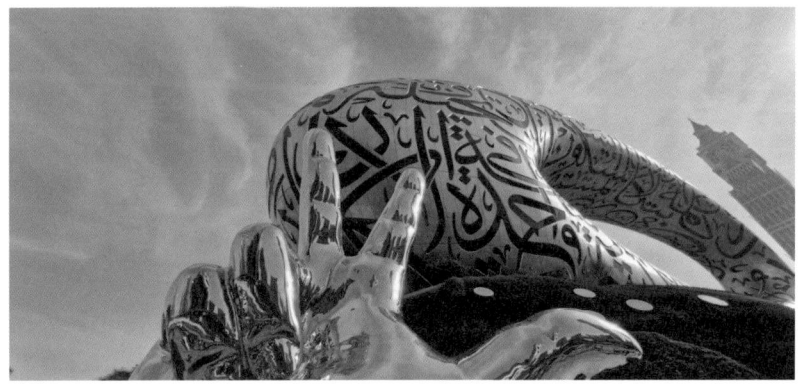

외벽엔 아랍어 캘리그래피로 3개의 시 구절이 있다.
그중에서 마음에 와닿고 널리 알려진 구절은 이러했다.

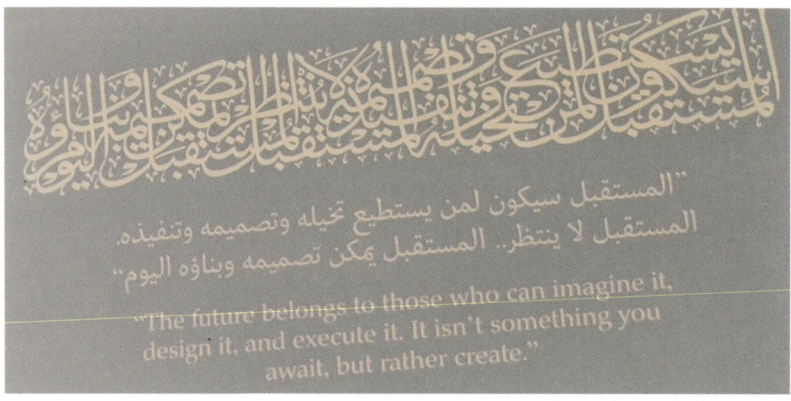

"미래는 상상하고 설계하고 실행할 수 있는 자의 것입니다.
미래는 기다리는 것이 아니라 창조하는 것입니다."

"미래 박물관은 모든 연령대의 사람들이 우리가 공유하는 미래를 보고, 만나고, 형성할 수 있도록 환영합니다.

가능한 미래를 여행하고 희망과 지식을 현재로 되돌려 놓으십시오."

- 쇼핑하기: 미래의 디자인 트렌드를 탐색, 박물관 테마 상품에서 영감을
- 미래로의 여정: 모든 감각을 동원시키는 광활한 환경
- 내일 오늘: 세계 최고의 혁신가들이 제공하는 가까운 미래의 기술
- 어린이 월드: 미래의 기술에 초점을 맞춘 어린이를 위한 판타지 세계

<홈페이지 참조>

5) Ain Dubai(아인 두바이), 세계에서 가장 큰 관람차

에펠탑보다 33% 많은 11,200t의 강철로 건설한 바퀴. 38분 소요, 높이 258m, 직경 250m.

48 cabin × 최대 40명 = 1,750명 동시 관람

Private 객실은 세 코스의 만찬이 2바퀴 동안 제공된다.

Social은 VIP실로 중간에 바가 있다.

또한 관람차와 같이 조성된 플라자에는 공연과 다채로운 음식을 먹을 수 있다. 두바이의 명물이다.

2위 높이의 관람차는 라스베이거스의 High Roller(250m)이다.

6) Dubai Frame, 세계에서 가장 큰 액자(전망대)

2018년 11월 개관, 세로 150m, 가로 93m 상층 가로 면의 앞면(부르즈 할리파 방향)에 보이는 광경은 미래를, 뒷면(구시가지 방향, 아랍의 전통)에 보이는 광경은 과거를 볼 수 있다.

도심 Zabeel Park에 유리 패널을 두른 뒤 20,000개의 아랍 스타일의 금속 반지인 둥근 고리 무늬를 금색으로 화려하게 감싸고 있다.

통치자가 시찰 중 특이한 지역을 파 보니 옛 선조들이 사용한 장식류가 있어 이 모양을 프레임에 활용하였다고 한다.

7) 팜 주메이라(두바이의 미래와 번영의 장소)

팜 주메이라 주택과 이를 감싼 호텔들

 최초 건설 발표가 나자 세계 환경운동가들의 극심한 반대가 있었다. 콘크리트와 철근의 사용으로 인한 자연 훼손과 바닷물의 역순환 염려 때문이었다.
 그래서 이 재료는 사용하지 않고 친환경으로 모든 문제를 해결한 타운이다.

Atlantic the palm Dubai Hotel 홍보용 사진

야자수 모양의 도시가 정말 아름답다.

어떻게 이런 생각을 하였을까? 특별한 지도자가 이끄는 도시임이 틀림없다.

처음 분양 가격이 약 10억 원(여러 종류 있음)이었던 주택이 지금은 150억 원 정도라고 한다.

취득세, 양도세가 없으며 세계의 부자들과 연예인들이 하나씩 구입을 하였다.

8) 아틀란티스 더 로얄 호텔(Atlantis the Royal Hotel)

물방울을 테마로 한 레고 프레임 795개 조각으로, 쌍용건설이 건설하였다.

2020년 해외 건축 대상과 최우수상을 받았고, 공사비 1조 5천억 원, 2023년 완공되었다. 44층 규모의 호텔동과 39층 규모의 레지던스동, S자 형태의 비정형 구조를 현실로 만들었다.

크루즈에서 본 아틀란티스 더 로얄 호텔

9) Atlantis the Palm Dubai Hotel

뻥 뚫린 곳이 천국의 문으로도 알려져 있다.

2008년 9월에 개관하고 23층, 1,539 객실을 가진 중동·유럽의 최대 워터파크를 보유한 5성급 호텔이다.

호텔의 뒤쪽 바다는 이슬람 국가에서는 아라비아해로, 이란 국가에서는 페르시아만으로 불렀다.

최종적으로는 걸프만으로 하기로 하였지만 페르시아해(아라비아해) 표기를 한 곳도 있다.

10) 두바이 도시에 공급하는 물

 약 80%가 바닷물을 담수화한 물이다. 그 담수 공장은 소중한 시설이며 생명과도 같은 자원이다.

11) Star of Taiba 반지

Deira Gold Souk에 전시 중인 제품

기네스북에 등록된 세계에서 가장 큰 반지이다.
21K 금 64kg + 보석 5.1kg + 615개의 스와로브스키 크리스털로 장식해, 원가가 약 45억 원에 달한다.

두바이를 여행하면서 느낀 점이 많다.
아래의 트위스트 빌딩처럼 특이하고 상상도 못 한 여러 건축물과 불가능을 가능으로 만든 도시를 보면서 나의 기본적인 사고에 긍정적인 변화를 주었다.
설계와 훌륭한 건축, 아름다움과 위용, 섬세함과 웅장함 모두를 갖춘 두바이는 전 세계인을 모이게 하고, 감탄을 주고, 진화하고 있음을~~

2. 신비의 나라 - 오만과 크루즈 생활

오만은 아라비아반도 남동부에 있는 신비한 나라이다. 우리가 잘 알고 있는 『신밧드의 모험』 소설 속에 등장하는 항구도시 소하르도 오만에 있고, 수도는 무스카트이다. UAE 영토 내에 있지만, 무산담주와 마드하 도시는 오만의 영토이다.

오만은 150년간 포르투갈의 지배를 받다가 1650년 포르투갈을 축출하였으며 이후 18~19세기까지 중동의 맹주로, 해상 강대국으로 위세를 떨치기도 하였다.

1891년 영국 보호령이 되었다가 1951년 영국으로부터 독립, 그리고 1970년 8월 9일 건국하였다.

해안선이 2,000km, 인구 520만 명, 사막 특유의 바위산을 가진 나라이며 식물이 자라고 물이 있으면 천국이라고 한다.

사막지대 국가라 그 귀함을 나타낸 표현이라 생각되었다.

수도인 무스카트로 가는 내륙의 길이 순탄하지 않아 크루즈선이 많이 이용되고 있다. 정박 중인 크루즈와 아리비아의 전통 선박(소형 모형)이 정박해 있다.

전통 배의 Dhow는 못을 사용하지 않고 질긴 섬유질로 건조하였으며, 아라비아해와 홍해, 인도까지 무역을 하였다.

국왕의 크루즈도 정박해 있다.

포르투갈이 세운 요새

전통 시장이 있는 해안가 도시. 바위산으로 둘러져 있다.

무스카트 시내 관공서 건물

    카부스 국왕(1970년~2020년 통치)은 영국 유학파 출신이다. 부왕의 쇄국 정책으로 온 나라가 발전이 정지된 상태에서 아버지와의 마찰이 일어났다. 결국 궁에서 6년간 감금을 당하였고 영국의 도움으로 왕이 되었다.

카부스 국왕은 병원과 도로를 만들고 언젠가 고갈될 석유와 천연가스 대신 문화와 관광산업을 키우며 개방과 개혁을 추진하였고, 이웃 나라들과 친밀한 관계를 유지하여 안전과 평화를 강조하였다. 이슬람의 시아파와 수니파 그리고 이스라엘과 이란과도 친교를 택했다. 즉, 중동의 스위스라고 말을 하고 있다.

1) Royal Opera House Muscat

이탈리아와 이슬람 건축의 콜라보~~
크림색 외부 모습이 정답고 특징이 있다.

오페라 하우스, 2011년 10월 12일 완공, 1,100석

세계적 유명 음악가들이 공연을 한 장소이다.
플라시도 도밍고의 오페라 투란도트 공연으로 막을~~

500톤의 파이프 오르간이 정면에 배치되어 있다.

이집트 카이로와 시리아 다마스쿠스에 이은 세 번째 중동 오페라 하우스가 되었다. 중동 유일의 로얄 심포니 오케스트라도 결성하고, 인근 국가 UAE와 카타르에서 발레와 오페라를 보기 위해 이곳을 찾는 사람이 늘고 있다.

창조적이고 환상적인 내부 공간들

아름다운 선율의 음악이 전체적으로 모든 관객에게 정확히 전달될 수 있도록 설계되어 있다. 아랫부분의 밝은 등 3개가 있는 공간이 술탄의 자리이다.

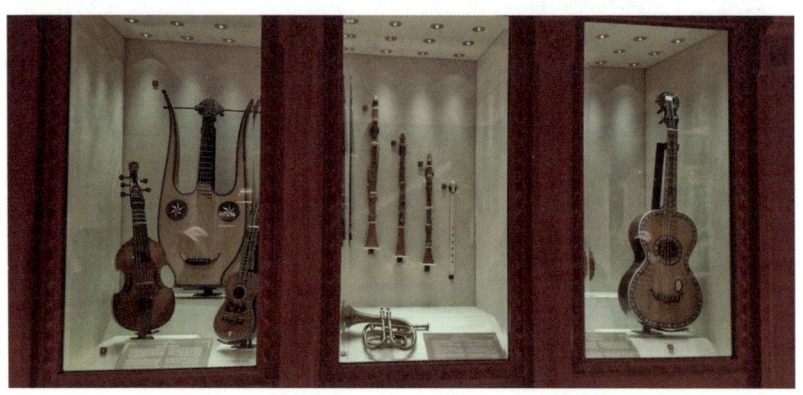

왼쪽 칸 좌측 바이올린은 18세기 이탈리아산 바이올린 Pochette, 왼쪽 칸 중간은 1820년 영국에서 만든 작은 사이즈 하프, 왼쪽 칸 우측은 1733년 불란서에서 제작한 바이올린이다. 각 설명이 되어 있었다.

같은 장소에 오페라 하우스와 갤러리아, 아트센터, 정원 등이 함께 예술적인 공간을 만들고 있다.

2) 술탄 카부스 모스크

20,000명을 수용하는 돔 높이 50m의 모스크로, 이란산 카펫으로 유명하다.

모스크 외부

입장을 기다리는 여행객들(철저한 복장 검사!)

기도하는 메카 방향(왼쪽)과 말씀하는 장소(오른쪽)

메카란 사우디아라비아의 서남부 지역에 위치한 도시로, 이슬람교의 창시자인 무하마드의 출생지이다.

방문객과 내부 모습

3) 포르투갈 요새와 왕궁

포르투갈 요새

왕궁

4) Costa Smeralda, 크루즈 생활

이탈리아 선박이라 선내 표시가 이탈리아어가 많다.
185,010t, 길이 337m, 폭 42m, 20층으로 되어 있다.
2,612 객실에 승객 6,554명, 승무원 1,646명이 탄다.

아라비아를 항해하는 크루즈에는 인도, 파키스탄, 방글라데시, 아시아, 아랍 등 다양한 민족이 함께 여행을 한다.

크루즈에도 등급이 있고 선박회사에 따라 특징이 있다.
어린이가 좋아하는 게임이나 놀이 그리고 스포츠를 즐기는 시설이 많은 크루즈, 시니어분들이 즐기기에 좋은 크루즈, 여행지 특성에 따라 중장년층 위주의 크루즈도 있다.
가격이 아주 고가인 크루즈는 집사가 보조를 해 준다.

오만 기항지에 정박 중인 크루즈

337m 길이의 크루즈에선 방향이 모호할 때도 있다.
가까운 엘리베이터를 기준으로 자기 객실과 식당과 시설들을 기억하면 아주 좋다. 엘리베이터 중간 8대는 사각형 모양, 앞쪽 8대는 삼각형 모양, 뒤쪽 6대는 반타원형 모양이다.
각 모양이 위치에 따라 진하게 표시되어 있다.

홀수 방은 Dispari(일곱 글자) 짝수 방은 Pari(네 글자)로 벽에 표시되어 있어 찾기가 아주 좋았다.

다 함께 춤을

저녁 시간엔 친구들과 같이 오랫동안 이곳에 앉아 맥주와 차를 마시며 이야기를 하며 즐긴다. 그들의 문화인 것 같다.

바다 한가운데에서 감성 일몰을~~ 발코니에서 찍었다.

저 멀리 더 잘 보이도록 설계된 Bridge

정찬 레스토랑. 승선 전 매일 18:45분 1부 타임, L 식당 91번 지정 좌석을 예약했다.

다른 크루즈에선 시간 예약만 하고 좌석은 인원에 따라 식당 입구에서 배정을 받는다.

이탈리아 선사라 이탈리아 정통 요리가 많이 나왔다.

입장을 기다리는 2부 정찬 승객들.
많은 이탈리아인들은 21시 타임을 더 선호하였다.

장시간 바다를 항해할 때는 이곳에서 운동을!

3. 건조한 사막 기후지만 번영을 - 카타르

1971년 9월 3일 영국으로부터 독립하였으며 국민은 현지 주민 15%와 이주민 85%로 구성되어 있다.

풍부한 석유와 천연가스가 다량 매장되어 있고, 1인당 GDP가 세계 1~3위권을 넘나든다(약 9만 달러).

기원전부터 사막화가 진행되었기 때문에 소수의 무역상이나 유목민들을 제외하면 사람이 거의 살지 않았다.

한때 페르시아만을 공략하고 일부 지역을 지배했던 포르투갈조차도 공격하지 않았을 정도로 황량했던 지역이었다.

도하 도시

1950년대에 본격적인 채굴이 시작되었고, 1971년 독립하자마자 곧바로 오일쇼크가 터지며 세계적인 부자 나라가 되었다.

2022년 중동 최초로 월드컵 개최로 더욱 알려진 국가다(BTS 정국의 Dreamers~~).

전 국토의 99%가 평지로 되어 있어 인위적인 언덕을 만들어 거주하는 지역도 있어, 우리와는 대조적이다.

인공으로 조성된 언덕. 인기가 있는 고가 주택단지다.

1) The Ministry of Culture

세계에서 가장 큰 열쇠(기네스북)

황금 탑

2) Museum of Islamic Art

외관의 모습이 웃는 눈으로 건축되었다.

눈웃음의 외부 모습

3) Souq wagif(전통 재래시장)

와디강을 중심으로 100년 전부터 조성된 시장이며, 가축 시장도 함께 있다(지금은 낙타 위주).

시장 중심지에 오래된 건물인 Bismilie Hotel은 1년 후까지 예약이 만료된 상태이다. 아마도 전통에 대한 인기 같았다.

2019년 2월, 아시아축구연맹인 AFC 아시안컵 토너먼트 경기에서 우승한 카타르가 그 기념으로 제작한 동상을 전통 시장 안에 건립하였다(세자르 발다치니 작품).

The Golden Thumb Statue(황금 엄지 동상)

건물 안과 밖의 습도와 온도를 조절해 주는 맹그로브 나무

맹그로브는 열대·아열대의 해안 하구, 해수·담해수의 조간대 진흙땅에 자라는 상록 관목·교목식물 및 식생의 총칭이다.

뜨거운 온도와 습도 조절에 뛰어난 나무이며 이를 이용한 지혜로움이 돋보인다.

시장에 활기가 가득~~

낙타 시장 현재 모습

4) Fairmont Doha Hotel과 Raffles Doha Hotel, 카타르 카타라 타워

특별한 외모의 이 호텔에 머문다면
너무나 깨끗하고 분위기가 있어 잠이 오지 않을 것 같다

입구에서 우측은 Fairmont Doha Hotel, 좌측은 Raffles Doha Hotel로 각 운영을 한다. 전체는 Qatar Katara Towers 라 부른다.

5) 카타르 국립 박물관(National Museum of Qatar)

자연과 건축의 만남. Desert Rose[3]를 보고 영감을 얻어 디자인을, 그리고 고난도 건축은 현대건설이 맡아서 완공했다.
 LOUVRE ABU DHABI(아부다비 루브르 박물관)를 설계한 장 루벨(Jean Nouvel) 건축가가 카타르 국립 박물관, 일명 '사막의

---

3) Desert Rose(사막의 장미): 물에 갇혀 있던 해수가 증발하면서 침전물(미네랄 등)이 장미 모양으로 만들어진 모래 결정체.

장미'도 같이 설계하였다.

2011년 카타르 박물관청으로부터 4억 3400만 불 수주.
공사 기간 7년 반, 총 316개 원형 판을 여러 각도로 조합하여 기하학적인 외관을 형성했다.

사막의 장미는 행운을 주는 물질로 판매도 한다.
작은 사이즈가 약 7만 원 〈Shop 전시〉

국립 박물관 외부 모습

4. 미래와 과거가 공존하는 - 아부다비[4]

아부다비는 아부는 사람(아버지), 다비는 가젤 영양의 뜻이다. 즉, 가젤 영양을 키우는 사람(아버지), 혹은 1793년 한 주민이 영양 가젤을 보고 따라갔더니 샘물(생명수)을 발견하여 도시의 시발점이 되었고 그 영양 가젤과 사람(아버지)을 합쳐 아부다비로 되었다는 설도 있다.

1958년 해저 유전이 발견되기 전에는 천연 진주 채취, 어업 등으로 생업을 하였고 지금은 세계 6위 추정 석유 생산국으로써 원유 판매와 관광과 문화 예술 분야를 야심 차게 진행 중이다. 특히 사디야트 문화지구 프로젝트가 활발히 진행되어 다양한 건축물이 들어서고 있다.

루브르 아부다비(장 누벨), 구겐하임 아부다비(프랭크 게리), 자이드 국립 박물관(포스터 앤 파트너스), 해양 박물관(안도 다다오), 공연 예술 센터(자하 하디드) 등 세계적인 건축가들이 모여 새로운 세계를 열고 있었다.

---

[4] Abu Dhabi(아부다비): 아부는 아버지, 다비는 가젤(Gazelle)이라는 뜻이다.

2025년 완공(예정)되면 이 섬 지역의 다양한 문화, 예술, 건축물을 보고 관람하고 감동을 받는 것만으로도 충분한 가치가 있는 여행이 될 것이라 생각된다.

구겐하임 아부다비 미술관 조감도. 상상을 뛰어넘는 설계이다.

UAE의 국조는 '매'이다. 약 2,500년 전부터 사막을 떠돌던 베두인족은 영양이 풍부한 낙타에서 짠 낙타 우유와 대추야자 열매, 과일을 섭취하였고, 단백질 보충을 위해 새 사냥을 하였다.

그러나 새 사냥은 쉽지 않아 그 도구가 필요하였고 드디어 매를 훈련시켜 사냥을 하게 하였다고 한다.

매는 소중하고 꼭 필요한 반려동물이라 UAE의 Emblem이 되었고 여러 부분에 그 모습이 보여지고 있다. 매의 날렵한 날개 모습의 건축물은 그 의미가 충분히 있다고 생각된다.

매는 최고 1,200m 상승하여 시속 300km 속도로 사냥을 한다.

매의 날개

자이드 국립 박물관 건축 모습(매의 날개 모습)

1) 카사르 알 와탄(Qasr Al Watan), 아부다비 왕궁

   9년의 공사 기간에 약 5,930억 원을 투입하여 2017년 완공되었고, 2019년부터 관광객을 위해 일부 개장하였다.

   아랍에미리트 토후국의 연회장과 지식의 전당 도서관, 외국 사절단의 선물 보관소, 조형물 내부 장식 등으로 구성되어 있다.

왕궁 출입 시 보안은 철저하다. 그리고 왕궁 내부 입구까지 버스를 타고 간다. 이는 더운 날씨와 거리와 보안을 감안한 좋은 방법이라 생각되었다.

만찬장

유명한 이란산 카펫은 품격을 올려 준다.

외국 사절단의 선물을 한곳에 전시 중

❶ The Power of Words(지도자 말의 힘), 자이드 빈 술탄 알나얀

"Wealth is not money and Oil. Wealth lies in people, and It is worthless if not dedicated to serve the people."
부는(부의 가치는) 돈과 석유가 아닙니다. 부는 사람들에게 있으며, 사람들에게(국민) 봉사(헌신)하지 않는다면 가치가 없습니다. 〈구글 번역〉

❷ A Land of Connections

연결의 땅, 아라비아만을 중심으로 지도와 기록된 텍스트에 따르면
아라비아만은 항상 다른 문화권의 관심 장소였으며
고대로부터 여행자와 학자들을 해안으로 끌어들였습니다.
증거에 따르면 세계 최초의 항해 및 해상 무역 중 일부는 아라비아를
둘러싼 주요 수역인 홍해, 아라비아만, 아라비아해에서 이루어졌습니다.
인도와 지중해를 잇는 가장 인기 있는 항로의 중심지였던 아라비아만은
문화 간 지식 교류의 중심지였으며 지금도 그렇습니다. 〈구글 번역〉

회의 장소

출구 쪽의 통로도 화려하다

왕궁 앞 유명 호텔

2) Sheikh Zayed Grand Mosque(세이크 자히드 그랜드 모스크)

이슬람 국가들의 화합을 기원하기 위해 건설한 4개의 첨탑과 82개의 돔.

주차장에서 모스크까지는 지하 통로로 간다. 더위를 피할 수 있다. 그리고 긴 거리를 걷기엔 부담이 되므로 평행 에스컬레이트도 작동하며, 여러 가게와 의미 있는 그림과 사진들을 보면서 갈 수 있다.

드디어 지상으로 나오니 압도당할 만큼 웅장한 모스크가 있었다.

왕궁 외부

왕궁 내부 대리석 바닥이 화려하고 품격을 올려 주었다.

왕궁 내부 화려하고 멋진 샹들리에

3) 루브르 아부다비

공사 기간 10년 소요, 2017.11.17. 개관하였다.

프랑스와의 30년간의 대여 계약(2007~2037) 총비용 10억 유로이다.

루브르 이름 사용료(5.6억 유로), 전시물 대여료(2.5억 유로), 전시/보관 전문인 비용(1.9억 유로)으로 이루어져 있다.

  장 루벨(Jean Nouvel)이 설계한 지름 180m의 조개껍데기 모양의 지붕(리움 미술관 설계자이기도 하다)이 있다.

  전통적인 아랍 건축 양식과 현대 건축의 정수를 결합한 작품으로, 돔 지붕을 통해 빛과 그늘이 어우러지는 공간을 창조하였다. 오아시스에 있는 물과 야자수, 아랍 전통 집들 그리고 야자수 이파리 틈새로 비추는 태양 빛을 재현한 지붕 작품이다.

  사막의 나라에서 오아시스란 삶과 생명의 원천이라 볼 수 있다. 그 장면들을 건축물에 유입시켰다.

  스테인리스 스틸로 만들어진 지붕의 삼각형, 사각형, 원 등으로 조합된 사이사이로 햇빛이 내려 안의 중심 공간 등으로 들어온다.

　오아시스의 야자수 잎들 사이로 내려오는 빛과 그림자의 광경에서 착안해 햇빛을 박물관 지붕 안으로 들어오게 하여 건축하였다.

　외부 모습에서 보는 흰색의 사각 공간은(실내 전시관) 태양열을 최소화하기 위해 아랍 집들이 모여 있는 형태를 재현하였고, 전시관을 둘러싼 물은 오아시스의 물을 의미한다. <루브르 아부다비 사진과 설명은 셜록 현준 유튜브 참조>

　설계자 장 루벨은 "나에게 빛은 물질이다. 빛은 기본적인 재료이자 건축의 요소들이다."라고 하였다.

4) 알 카팀(Al Khatim Desert), 사막 사파리

루브르 미술관 주차장에서 우리를 기다리고 있는 사륜구동 도요타 랜드크루저를 타고 약 80㎞ 떨어진 알 카팀 사막 입구에 도착하였다.

운전자는 내려 안전 운행을 위해 바퀴에 바람을 일정량 빼고 사막을 달리기 시작했다~~

하늘과 더 넓은 사막만이 있는 곳. 가끔 풀이 있는 곳도 있었다.

사구 위를 급격히 오르고 급격히 내려오고 급격히 돌고 굽이쳐 달렸다^^ 아찔~~

한참을 달린 후 사막 한가운데 멈추어 차에서 내리니 정말 밀가루 같은 고운 모래였다.

우린 환호를 하고선 사막을 잠시 걷고 모래의 감촉도 느끼고 점프도 하였다. 자연과 하나되는 순간이었다.

지금 이 순간 이곳 사막에서 건강하게 즐기고 있음에 감사를 하면서~~~

그리고 다시 달려 낙타 우리가 있는 곳에 멈추었지만, 모두들 가까이 가지 않았다. 질병관리청에서 메르스 주의 문자를 받았기 때문이다. 좀 멀리서 줌을 이용하여 사진을 찍는다.

낙타 젖을 짜서 그 장소에서 원주민들이 맛있게 나누어 마신다

귀국 시 노란색의 신고서를 제출하였고 메르스 질병에 관하여 질병관리청과 병원 전산망이 연결이 되어 있었다.

30분을 더 달리니 드디어 베두인 천막촌이 나타났다. 이미 여러 대의 차가 도착해 있었다. VIP 룸으로 안내를 받으니 물과 차를 대접한다. 잠시 후 건너편의 천막 문이 열리고 뷔페식 음식이 가득 준비되어 있었다.

맛있게 먹고 나니 연회가 열렸다. 인상적이었다.

연회 장소

사막의 일몰

4. 미래와 과거가 공존하는 - 아부다비

◀ 입맛에 잘 맞아 많이 먹었다.

맘껏 즐긴 후 무사히 크루즈로 돌아오니 달이 밝게 비추고 있었다. 곧 출항을 할 것 같다.

내일 아침 두바이에 귀항하여 하선하면 시내 구경을 더 하고, 귀국 비행기에서 이번 아라비아 크루즈에서 느낀 많은 장면과 이야기를 회상해야겠다. 오랫동안 기억하고 싶다.

제6장
국내외 유명지

1. 강진 FUSO
2. 말레이시아 15일 살기
3. 동해 고성군
4. 나고야 살아 보기
5. 3번째 여행한 호주
6. 바이칼 호수 명상
7. 최초의 자연 치유 블레드(슬로베니아)

1. 강진 FUSO

🧳 **떠나기 전**

강진 살기 계획을 세운다. 검색을 하다 '강진 푸소'라는 글귀가 나를 사로잡았다.

궁금하고 놀랐다. 이런 묘하고 지역과 잘 맞는 낱말을 만들다니, 공모를 하였다면 큰 상을 주었어야 한다.

*Feeling-Up Stress-Off(FUSO)
강진 현지의 농가에 머물며 훈훈한 정과 시골의 감성을 경험하고 일상의 스트레스를 풀어내는 농촌체험·민박 프로그램입니다.
<소개 글>

지역 경제에도 활성화가 되고 주민에게는 손님맞이의 즐거움과 다정함을 널리 알리는 프로그램이라 생각한다.

청자가 유명했던 지역, 다산 정약용이 머물렀던 지역, 백련사의 동백꽃, 강진만 생태공원, 다산 초당과 오솔길 등이 기대되고 궁금하였다.

이제 며칠 있으면 그곳으로 가서 아름다운 산천을 보고 역사의 발자취를 느끼고 맛과 정성이 가득한 음식을 먹는다는 기쁨과 들뜸이 나를 즐겁게 하였다.

　가야 할 곳을 계획하고 맛집도 검색하고 나에게 맞는 푸소를 찾고 예약도 하였다.

　서울을 떠나 저 멀리 남쪽인 그곳이 나를 기다리고 있다.

　정말 신나는 일이 아닐 수 없다.

 후기

　즐거웠던 강진 살기와 해남 윤씨 가문에 감사를!

　서울로 돌아왔지만 그곳이 그립다.

　조석으로 신선한 재료와 정성 그리고 영양가 가득한 밥상과 편안한 휴식을 준 강진 푸소와 홍보대사 자격이 넘치는 Host 덕분이다.

다산초당

신선한 재료의 반찬과 고등어와 민어, 매생이 국 등

백련사에서 다산초당으로 오가는 의미 있는 산길의 숲을 걷는 것이 나에게는 참 좋았다. 다산 정약용과 백련사 혜광선사께서 오갔던 길이다.

백련사 가는 오솔길

다산 박물관을 관람한 후 돌아와 『경세유표』에 대해 공부도 하였다.

* **경세:** 낡은 제도를 새롭게 해서 나라를 운용한다.
* **유표:** 늙은 신하가 임금에게 올리는 글.

조선의 현실에 맞도록 사회 경제 제도를 개혁하고 부국강병을 이루는 것이 목표(토지 제도 개편, 관직 체계 개편, 조세 조정, 인재 등용 등), 육조의 잘못된 점과 개선해야 할 부분을 구체적으로 제시한 책 <백과사전 등>

백련사에서 다산초당으로 갈 때는 보지 못한 나무가 돌아올 때는 보였다. 세 나무가 한 나무로….

다산 정약용 님과 차 한 잔을…. 영광!

청렴의 뜻으로 선비들을 모두 흰색으로 만든 모형

* **목민심서:** 조선 순조 때 지방관을 각성시키고 농민 생활의 안정을 이루려는 목적으로 정약용이 지은 책 <다음 어학사전>

정약용 님에게 초당의 장소를 제공해 주신 해남 윤씨 가문에 경의를 표합니다. 당시 상황(유배 학자)으로 보면 쉽지 않은 결정이었으리라.

이곳에서 18명의 제자를 키우고 500여 권의 책을 저술하셨다.

다산 초당에서 바라본 남해

◀ 초당 앞 연지석가산

전라 병영성

사의재(四宜齋)
'네 가지를 올바로 하는 이가 거처하는 집'이라는 뜻이다.

　생각은 맑게 하고, 용모는 단정하게, 말은 적게 하고, 행동은 무겁게. 1801년 11월 강진에 유배되었으나 거처할 곳이 없어 겨우 주막집 주모의 도움으로 방을 얻고 생활을 할 수 있었다.

강진 차 밭

월출산

가우도 둘레길에서.
학창 시절 외운 김영랑 시인의 시 - 그때의 한글로 표기된 듯

강진만 생태공원의 갈대

🧳 가우도

섬으로 가려면 사람만 건너는 다리를 건너야 한다.
주차장은 각 다리 건너기 전에 있다.

청자다리(저두 출렁다리, 438m)와 다산다리(망호 출렁다리, 716m)는 우리가 생각하는 출렁이는 다리는 아니었다.

그래서 진짜 출렁이는 멋진 가우도 출렁다리를 2021년에 길이 150m로 만들었다고 한다.

강진군에는 고려청자 박물관, 명랑 생가, 백련사 동백꽃 등 다양한 유명지기 있다.

푸소와 반값 여행 등은 강진군청 홈페이지에 자세한 안내가 있다. 본 후기는 강진군청 커뮤니티에도 함께 공유하였다.

2. 말레이시아 15일 살기

구정의 트윈 타워

2024년 1월, 말레이시아 31일 살기를 마쳤다.

2025년 1월 다시 쿠알라룸푸르를 찾았다. 유난히 추운 겨울을 벗어나 따뜻한 곳에서 지내고 싶었다.

구정의 KL타워

또한 작년의 즐거웠던 기억과 추억을 현실로 다시 만들어 보고 싶었다.

아울러 나의 뇌가 어떻게 기억하고 반응할지도 궁금하였다.

구정 기간에는 중국인 거주자와 중국인 관광객들이 좋아하는 색상을 밝히고 있다.

내가 머문 호텔과 방문한 곳과 맛있게 먹은 식당에서 놀라울 정도로 나의 뇌가 기억하며 반가움을 표했다.

정말 인체는 신비롭고 또 다른 내면의 나를 존중하고 사랑하면 반드시 그 이상으로 외면의 나에게 보답하고 사랑한다는 것을 다시금 깨달았다. 서로가 아끼고 도움을 주어야 한다.

바르지 못한 생활습관으로 오장육부와 뇌를 괴롭히고 학대하면 질병의 지름길이 된다. 이것이 건강의 가장 핵심이라고 말할 수 있다.

51층 옥상에서 바라본 KL 시내 모습

액티브 시니어의 음식은 인슐린 분비를 최소화하자. 즉, 당류의 섭취를 제한하자.

채우지 않아야 하는 물질을 채우면 그것을 소화, 분해 처리하는 데 많은 에너지가 필요하고 그 순간 중요한 면역과 치유가 늦어져

(놓치어) 질병의 씨앗이 자라는 환경을 만들어 준다.

가공식품과 탄산음료, 용제 식용유를 멀리하고 자연적인 음식을 되도록 섭취하자. 양도 조절하자.

그리고… 방구석을 탈출하자~~~

웨스틴 호텔 수영장

2룸 5성급에서 호캉스를

비행기를 탈 때는 항상 즐겁고 과학의 힘을 느낀다. 많은 분들의 노고 덕분이다~

이번 두 번째 방문에서는 조금 특이하게 지내고 싶다.

거의 매일 헬스장 가기

생존 근육을 키우기 위해서다. 근육은 수많은 이로운 호르몬 등을 저장하고(myokine: 운동 시 근육이 수축될 때 분비되는 특정 물질. 이는 심혈관 기능 개선과 골 건강 유지, 지방 분해, BDNF 촉진 및 염증 조절 등의 기능을 한다.) 있는 곳간과 같다. 이 곳간의 문을 열 수 있는 유일한 열쇠가 운동이다.

그리고 그 열쇠를 가진 사람은 우리 자신이다.

<『불멸의 호르몬』, 『평생 걷고 뛰고 싶다면 생존근육 3가지만 키워라』 중에서>

엘리베이터만 타면 50층 피트니스 센터로 데려다준다.

여러 나라에서 온(인도 중국 유럽 등) 여행객을 만나 가볍게 인사를 하곤 각자 방식대로 열심히 운동을 한다. 제대로 배운 사람은 폼도 좋고 파워도 좋다.

한 번만 레슨을 받으면 영원히 바르게 할 수 있으니 추천한다.

 일광욕 30분

수영장에 가서 수영을 잠시 하고 편안한 비치 의자에 누워 일광욕을 즐길 것이다.

한국은 지금 강추위다. 나는 태양의 따뜻함을 느끼는 것을 참 좋아한다.

물론 부족한 비타민 D 생성도 필요하고, 햇빛의 영양소를 받기 위함이다.

W, Westin, Sheraton, Intercontinental, Hillton 등 유명 호텔이 성업 중이다.

유명 호텔 레스토랑/뷔페 음식 먹기 |

2024년 한 달 살기 시에도 소개한 일부 내용이다.

이곳 쿠알라룸푸르 중심가엔 세계에서도 알려진 5성급 호텔이 즐비하다.

그리고 품격 있는 레스토랑과 뷔페식당이 있다.

Eatigo 앱을 이용해 40~50% 할인된 가격으로 이용할 수 있다.

뷔페는 바이킹에 의해 시작되었으며 이들은 다양한 음식을 늘어놓고 먹고 싶은 만큼 덜어 먹었다는 한 유래를 보았다.

W 호텔 레스토랑

쉐라톤 레스토랑

🧳 특별한 음식점 가기

부흥 딤섬 전문집. 부킷 나나스 모노레일 역에서 약 30분 소요 (그랩)된다. 다소 먼 거리이지만 너무나 유명하여 평일 11시경 일찍 갔지만 넓은 홀에 100여 명 정도가 이미 식사를 하고 있다.

우리는 대기 순번 7번째 받았다. 순환이 아주 잘되고 있었다. 주인의 경영 시스템에 만점을 주고 싶다.

가장 인기 좋은 딤섬

　인기 있는 딤섬 등을 주문과 관계없이 직원이 한가득 쟁반에 담아 가지고 나의 테이블에 오면, 내가 종류와 수량을 집는다. 또 다른 직원이 다른 종류의 딤섬을 가지고 온다. 음식을 기다리는 시간이 필요 없다. 물론 내가 먹고 싶은 음식을 메뉴 종이에 체크하여 주면 즉시 나온다^^

　이렇게 많은 손님은 앉자마자 골라 먹으니 모두 만족한 표정이다. 단, 먹는 시간은 다른 손님을 위해 40분 이내이다.

　강추합니다^^

이렇게 직원이 가지고 오면 내가 선택하고 맛을 느낀다.

🧳 열대 과일/채소를 적당량 먹어 보기

한국에서는 귀한 망고와 열대 과일이지만 적당량 드시기 바란다. 망고는 옻과 종류이기 때문이다.

Chow Kit Market

오전 6시에서 오후 2시까지만 문을 여는 과일 시장이 있다. 월요일은 휴무다.

MRT 타고 대규모 쇼핑몰인 원 우타마(1 Utama) 가기

쿠알라룸푸르에는 교통체계가 잘되어 있다. 비용도 저렴하다. MRT에는 시간별 여성 전용칸이 따로 운영된다.

원 우타마에는 윈드랩과 실내 스카이다이빙, 하이라이드 등 다양한 놀이기구가 있어 부모와 함께 오는 어린이들이 많다.

이곳은 좌측통행이다.
에스컬레이터도 좌측에 서고,
급한 분은 우측으로 올라간다.

3. 동해 고성군

동해 고성군의 자연이 보고 싶다~~ 그곳이 기다리고 있다.
5월 말쯤에 나는 계획을 세웠다. 자연과 나를 경험하는 그곳으로!

호텔 루프탑 인피니티 풀

🧳 밤

밤은 너무나도 소중하다. 밤을 통해 휴식과 재충전이 되고 새로운 세포도 만들고 수명 다한 물질도 배출시킨다(글림프 시스템).

이런 인체 내부의 시스템이 잘 작동하기 위해선 편안하고 조용하고 깨끗한 잠자리가 절대적이다. 물론 생체 시계에 몸을 맞추어야 한다.

후기도 매우 좋고, 가고자 하는 지역과도 인접해 있었다. ○○○오텔~~ 만족하게 휴식을 주었다.

디럭스 더블 룸

🧳 초콜릿 방앗간

이런 생 다크 초콜릿의 맛은 처음이다. 순도 88% 초콜릿이 부드럽게 입에서 녹고 있다. 그 향기에 머리가 맑아지고 행복함을 느낀다. 초콜릿의 꿈, 보나테라!

고성 보나테라 매장

2017년부터 말레이시아 카카오 위원회가 주관, 재배 농민들과
Farmers Field school에 적극 참여하여, 그 공로를 중앙정부로 부터
인정받아 외국 업체 최초로 2019년 말레이시아 카카오 위원회로 부터
라이센스를 획득하여 말레이시아산 카카오 빈을
농장에서 구매, 가공, 취급할 수 있습니다.

말레이시아 카카오 위원회 라이선스 획득 〈홈페이지 자료 옮김〉

생산자에게는 정당한 대가를 지불하고 친환경으로 재배된 카카오를 전통방식인 맷돌로 갈고 숙성시켜 항산화 물질이 더욱 풍부해진 다크 초콜릿을 우리에게 제공해 주고 있다.

그리고 특유의 떫은맛과 향기 등이 어우러져 와~~ 감탄하고 다시 먹고 싶게 하는 것이 아닐까 싶다(20g/일 이내 섭취).

초콜릿 라테와 카페라테를 분위기 있는 매장에서 먹고 장빵과 88% 다크 초콜릿 바를 테이크 아웃하여 냉동 보관해 지금도 조금씩 먹고 있다.
초콜릿 라테가 나오자, 눈으로 코로 이미 뇌는 자극받아 작동하고 있었다.

먹는 순간 도파민, 엔도르핀, 세로토닌 호르몬들이 다량 지속적으로 분비됨을 알아차렸다. 어떻게 이런 맛을 낼 수 있을까?

88% 다크 초콜릿을 베이스로 우유와 조합하여 초콜릿 라테로 변신을 하였다고 한다.

카카오 장빵은 腸이 좋아해서, 장이 편안해서 '장빵'이라 한다. 먹을 때도 즐거웠고 먹고 난 후도 장이 실제로 편안하였다. 나에게 잘 맞는 간식이었다.

하늬라벤더팜

입구에서 아직 라벤더 꽃이 피지 않았는데 입장하셔도 괜찮으시냐고 친절히 물어보셨다.

물론이다. 피기 위해 맺힌 꽃봉오리를 보며 풍성한 꽃을 상상해 보는 것은 명상의 기본이다.

준비된, 준비하고 있는 라벤더들. 나에겐 응집된 모습도 사랑스러워 보였다.

입구에서부터 예쁜 꽃들이 우릴 반겼다. 마음을 열게 해 주는 풍경들이다. 전문가의 솜씨였다.

건강하고 싱싱하게 자라고 있는 나무들~~ 초록의 잎들이 빛이 나고 있었다.

이 농장에서 자랄 수 있어 감사하다고 활짝 높이 옆으로 펼치고 있었다. 우리를 반기고 있었다.

플라워 필드(Flower Field), 호두밭, 아일랜드 필드, 저 멀리 메타세쿼이아 숲, 적당한 거리의 뒷산들이 온기를 보내 주는 느낌이었다. 그리고 메인인 라벤더 필드가 전개된다. 시야의 각도가 편암

함을 주었다.

벤치에 앉아 부드리운 마음으로 바라본다.

시크릿 가든을 거쳐 카페로 돌아와 앉고 싶은 좌석에 앉아 라벤더 아이스크림을 먹으면서 식물들과 하나가 되어 본다. 잘 자라 주길 바란다.

환경(기후)이 시시각각 변하는 시대에 살고 있다. 식물이 더 잘 알고 있겠지만~~~

2025년 5월 말 찍은 라벤더 - 6월 중순경 만개 예상

6월경에 활짝 피었던 라벤더 〈shop 사진 옮김〉

느티나무도 15년 전에 옮겨 심었다고 하신다. 제법 자랐다.

서쪽 방면에는 이 지역에서 구해온 돌로 2m 정도 높이로 돌벽을 만들어 운치를 더했다.

돌문을 통해 정원을 본다.

오후가 되면 돌벽이 그림자를 만들어 꽃들의 모습을 보게끔 벤치도 준비되어 있다. 모든 게 화원을 가꾸는 사람의 전문적 지식과 식물 사랑임을 알아차렸다.

느티나무와 서쪽 돌벽 벤치

돌문으로 본 광경들

 순수 자연의 해변을 찾아 맨발 걷기를~~

북쪽 방향으로 올라갈수록 내가 원하는 자연이 보였다.

도시 속의 바다보다 도시의 시설물이 없는 자연의 바다를 원하고 있었기 때문이다.

찾아간 곳은 동해안 북쪽 마차진 해변~~
따뜻한 모래와 차갑지도 않은 바닷물~~
왠지 걷고만 싶은 그곳~
나의 모든 것을 내려놓게 하는 그곳이었다.

우린 아낌없이 주는 지구의 대지와 교감을 하고 음이온을 받아들일 준비가 되어 있어, 마냥 맨발로 걷고 걸었다.
어쩜 바닷물이 이렇게 깨끗할까!
고맙다. 정화해 준 자연에게~~

마침 한 숙녀분께서 소품을 가지고 오셔서 섬과 바다, 모래사장에 어울리게 놓으시고 사진을 계속 찍으신다. 순수한 모습이셨다.
가까이 가서 인사를 드리고 사진 한 장만 찍기를 요청했다. 웃으시며 '오케이' 하셨다. 그래서 저도 찰칵~~

자연이 주는 아름다움을 어떻게 모두 표현을 할 수 있을까?
인간이 만든 언어로는 부족함을 알고 있다.

고성 파크골프장을 찾아서

참새가 방앗간을 그냥 지나치리오?
여행 중 인근 파크골프장에서의 라운드 또한 큰 기쁨이다.
처음 가 보는 구장에서 내가 어떻게 공략을 할까~~

현지 주민과의 대화는 즐겁다. 지리적 상황을 알려 주시고, 공기 좋은 이곳에 오신 이유도 말씀하신다.

어제는 서울에서 버스 두 대가 왔다.
서울이 가장 구장이 부족하여 이렇게 원정을 다니고 있다.
고성군에서 40분 거리의 양양 송이조각 파크골프장의 외지인 전용 구장에는 매일 3~7대 정도 서울 등지에서 출발한 버스가 온다.

 간성 향교

호텔로 가는 길에 향교가 있었다. 가 보고 싶은 곳이다.
조선 세종 2년, 성북 용연동에 창건되었으나 그 후 임진왜란과 같은 전란으로 여러 차례 장소가 이전되었다.

현 위치는 인조 18년 옮겨졌으나 6·25 동란으로 대부분 소실되었고, 1956년 대성전을 시작으로 1962년 외삼문을 지어 현재에 이르고 있다고 설명되어 있다.

향교 앞, 모내기를 마친 논~
흙의 수분과 양분을 먹고 햇빛과 바람과 비를 기다리는 벼가 있다.

향교 대성전

대성전 앞에서 큰 호흡을 하고 머리 숙여 선조들의 바른 道에 대해서 잠시 생각하였다. 학문의 가르침이 바르게 사용되면 좋겠다는 생각도 해 보았다.

진실과 정직이라는 낱말이 특히 강조되는 시대인 것 같다.

4. 나고야 살아 보기

가까운 국가인 일본은 그동안 출장과 관광으로 많이 방문하였다. 그럴 때는 항상 온천 호텔을 이용하였고 온천의 묘미도 느꼈다.

하지만 이번은 일본 일반 주택에 살면서 나고야의 도시 여러 곳을 나의 일정대로 지내보고 싶었다.

나고야는 230여만 명이 살고 있는 일본의 3대 도시이고, 나고야성이 유명하다. 1989년 세계 디자인 박람회 개최, 2013년 음식 박람회, 2017년 레고랜드 Japan이 완공된 도시이다.

나고야로 가는 비행기도 예약하고 머물 주택은 에어비앤비로 예약을 하였다.
그곳엔 마당이 있고 방이 여러 개인 비싼 곳과 적정한 가격의 주택까지 두루 있었다.

교통편과 합리적 가격, 역세권 주위에 괜찮은 음식점도 여러 군데 있는 곳이었다.
그리고 머문 분들의 후기도 좋은 곳 등이 선택 기준이었다.
이메일로 교신하고 비대면 체크인/아웃이었다.

나고야 공항에 도착하여 제일 먼저 크고 세밀하게 나와 있는 도시 교통 지도를 챙겼다.

그리고 공항 역사에서 교통카드도 구입을 하였다.

영어가 가능한 역사 직원은 거의 없었지만 역사마다 구입 및 충전 가능한 기계에 한국어가 있어 불편함은 없었다.

길이나 교통편을 찾을 때는 무엇보다 일본어가 찍힌 지명의 스마트폰을 시민들에게 보여 주면 서로 통하고 친절히 안내를 해 주었다.

신궁전 역사에는 음식점, 슈퍼마켓 등 생활용품점 등이 갖추어져 있다.

드디어 新宮前 기차역에 내리고 도보로 6분 거리를 큰 가방을 끌고 구글 지도가 알려 주는 방향으로 천천히 걸었다. 주위를 둘러도 보고, 가는 도중에 이미 검색하여 가고자 하는 음식점을 확인하곤 집에 도착하였다.

기차역에서 집으로 가는 길에 이태원 클라쓰 카페가 있었다.
드라마를 본 상태라 반가웠다.

알려 준 비밀 장소에서 열쇠를 꺼내 문을 열고 들어갔다.
와! 일본 특유의 공간 활용~~ 빈틈을 활용하고 최대한의 공간을 활용한 내부 인테리어~~
식물과 꽃을 심어 여유로움도 주었다.
침실이 2층에 있고 화장실이 1층에 있는 것을 제외하고는 불편함은 없었다.

식탁

4. 나고야 살아 보기

침대 방

온수도 잘 나오고 조용한 동네에 있어 숙면을 취할 수 있었다. 가로등은 암막 커튼이 차단해 주었다. 밤의 호르몬을 최대한 분비케 하는데 매우 중요한 사항이기 때문이다~~

 나고야 포켓몬스터 전시장 방문
　　(ポケットモンスター, Pokemon)

포켓몬스터는 닌텐도와 포켓몬 컴퍼니가 발매하는 게임 시리즈 또는 이를 원작으로 한 텔레비전 만화 영화, TCG 등의 미디어 믹스 작품이다. 닌텐도와 또는 해당 시리즈에 등장하는 가상의 생물들을 통칭하는 말이다(1996년 시리즈 시작).

전시장 입구에 메인 캐릭터가~~

   그 모든 케릭터를 한곳에 모아 전시하고 판매를 한다. 인기 있는 명소이다.
   전 세계 미디어 믹스 총매출 1위(약 1,180억 달러)의 전 세계적 문화적 현상이라고 불릴 만큼의 글로벌 콘텐츠다. <나무위키 참조>

어린이들이 삼매경에 빠지곤 하는 캐릭터들이 모두 전시되어 있고, 판매도 동시에 하고 있다.

집에서 직접 가는 버스가 있어 참 편리하였다.

나고야성

한 번 다녀온 곳이지만, 비 오는 나고야성의 운치를 느껴 보기엔 좋은 곳이었다.

천수각 꼭대기를 장식하는 긴샤치는 나고야성의 상징이다.

샤치(鯱)는 상상의 바다 동물로, 건물의 화재를 예방한다는 의미가 있었다.

아즈치성을 시작으로 오사카성이나 에도성 천수각에도 설치되었으나, 시간이 지나면서 모두 소실, 결국 나고야성에만 남아 있게 되었다. 320kg의 금을 사용했다. <나무위키 참조>

나고야성 외부 해저드

나고야 수족관 정어리 떼 쇼

가끔씩 바다에서 무리 지어 정어리 떼가 움직이고, 이 무리를 상어 등 공격자가 중심을 파고들어 나누어 놓아도 다시 모여 하나로 되는 멋진 광경을 TV에서 보았다(정어리에겐 생사의 길이지만).

그런데 그 많은 정어리 떼를 대형 수족관에서 기르고 쇼를 한다니, 보고 싶었다.

정어리 떼 쇼

움직임을 관찰하던 중, 무리에서 이탈된 정어리 소수가 다시 합쳐질 때 그냥 끼어드는 게 아니라 큰 흐름을 방해하지 않고 역으로 가다가 충분한 빈틈이 되었을 때 확 돌아서 합류하였다. 놀라웠다~~

먹이를 넣은 통이 내려오면 정어리가 갑자기 몰려든다. 그 회로를 이용한 쇼였다.

 **장어덮밥**

나고야에 오면 반드시 먹어야 한다는 그 유명한 장어덮밥집!

통상 3시간은 기다리는 곳인데, 그럴 만한 가치가 있고 맛으로 보상이 될까 궁금하였다.

기다리는 동안 시내를 구경하고 서점에도 가고 등등, 인내심이 필요하였다.

그런데 무작정 조급하지 않고 차가운 계단에서도 잘도 기다리는 일본인들을 보면서 민족성도 있지 않을까 싶었다.

기다리는 고객 명단을 보니 1인 식사가 30%, 2인 식사가 60%, 4인 정도 식사가 10%였다.

젊은 아가씨가 혼자 와서 3시간 기다리곤 비싼 장어를 먹는다(1마리 통째 덮밥이 4,800엔 정도다).

그러고 보니 중심가에 남녀 데이트 팀보다 남남, 여여 친구가 더 많았다. 우리와는 조금 달랐다.
 많이 기다리는 데는 효율적이지 않은 관리 시스템도 한몫하였다.

바싹한 것을 좋아하는 손님 때문일까, 조금씩 탄 장어가 제법 있어서 좀~~

 아래의 세 가지 방법으로 먹는다고 적혀 있다.
❶ 밥과 장어를 같이 먹는다.
❷ 장어 위에 파 재료들을 놓아 같이 먹는다.
❸ 찻물을 조금 넣어 우메보시(매실 절임)하고 먹는다.

 우리 음식점 같으면 휴대폰 앱이 자동으로 기다리는 순번을 알려 주고, 또 1인용 좌석이 비면 혼자 온 손님을 먼저 안내를 하지만, 이곳에서는 계속 1인용 몇 좌석을 비워 둔다. 앞의 4인 손님이 아직 기다리니까~~
 하지만 그게 영업 전략일 수 있다 싶었다.
 다음에 온다면 태우지 않은 장어에 조금만 기다리는 다른 음식점으로 갈 것이다.

장어의 생육 과정(항생제 사용 여부), 원산지 등 표시는 없었다.

IT 체계는 공항에서도 음식점에서도 생활에서도 아직 발전되지 않고 있다.

2021년 파란만장했던 도쿄올림픽 때는 우리 인터파크 예약시스템을 도입하여 사용하였다. 우린 이 분야에서 최고의 국가이다.

계단에서도 기다리는 고객

가까운 대기 장소에서 기다리는 고객

(차가 없는 차도를 걷는 사람들 = 가정의 달 행사)

근처에 돈가스 전문점이 있다.
웨이팅이 항상 있는 유명 집이라
일찍 가서 먹었다.

아침은~~

    북해도산 밀로 만든 유기농 빵집에서 정성스레 만든 아침 메뉴를 먹었다.

    걸어서 4분이다. 꽤 유명하여 현지인들이 즐기는 장소였다.

    그런데 오늘 판매하지 못한 빵은 다음 날 아침 일찍 오는 손님에게 무료로, 혹은 저가로 판매한다. 참 정직한 마음으로 열심히 책임을 갖고 운영을 하고 있었다.

    건강한 빵에 맛도 좋고, 푸짐하게 주었다.

유기농 빵집

구글 번역기가 있어 참 편리하였다. 인공지능(人工智能, Artificial Intelligence)의 개발이 어디까지 갈지~~

🧳 저녁은 현지인이 많이 가는, 동네에서 알려진 식당에서 |

재료도 신선하고 인공 첨가물도 거의 없었다. 장인 정신으로 노부부가 운영을 하신다.

며칠을 계속 가서 매일 다른 메뉴의 음식을 먹었다. 그런데 손님들은 식사 중이나 전후에 비치된 만화와 신문을 읽는다.

차도 마신다~~

자기 집처럼 편하게 식사하고는 간다. 참 여유 있고 좋아 보였다.

아담한 실내에서 식사 후 만화 보는 손님~~

🧳 동네 전통 소바집에서 저녁 식사

과거에 읽은 『소바 한 그릇』 소설을 생각하며 그런 집을 찾았다.

마침 Usimaki(牛拳) 교차로에 노부부가 운영하는 전통 소바집이 있었다.

반갑게 맞이하신다. 40년은 족히 하신 솜씨였다. 맛도 손놀림도 척척이시다.

다음 날 귀국하여 다시 가지 못해 못내 아쉬운 소바집~~~

진한 육수와 소스가 특별하였다. 맛은 최고!

유명 라면 집

집 주변에 유명 라면집이 있다. 라면에 여러 가지 재료를 넣는다.

꽤 인기가 있어 손님이 항상 만원이었다. 아마도 현대인들의 맛이 순수한 소바에서 자극을 주는 라면 계열로 옮겨지고 있는 것 같다는 생각이 들었다.

5. 3번째 여행한 호주

"진정한 여행이란 새로운 풍경을 보는 것이 아니라,
새로운 눈을 가지는 것이다." <마르셀 푸르스트, 프랑스 소설가>

첫 번째 호주 여행 때는 꼭 보고 싶은 것, 하고 싶은 것을 주로 하였고 그것만 보였다.
야생 캥거루와 코알라를 보는 것 & 시드니 오페라 하우스에 정장을 입고 공연을 보는 것 & 골드 코스트를 신나게 달리고 걸어 보는 것, 블루 마운틴스에 매료되어 감탄하는 것 등이었다.

자원의 보고, 블루 마운틴스

블루 마운틴스, 세자매봉

시드니 오페라 하우스와 하버 브리지
하버 브리지 위엔 원주민(Aborigine) 국기도 호주 국기도
나란히 게양되어 있다.

시드니 오페라 하우스의 야경

세계에서 유일하게 대륙을 통째로 차지하고 있는 국가이다(770만 km²).

광대한 국토 면적(세계 6위)이라 알려진 유명지만이라도 여러 군데 보고 싶었다.

섬과 대륙의 구분에서 호주는 대륙으로~~
지질 판 구조가 독립적이고 자체적 산맥과 사막, 독특한 생태계를 형성하며 규모와 독립성이 인정되어 대륙으로 지정되었다. 섬 중에 가장 큰 섬은 그린란드(217만 km²)이다.

두 번째 호주, 뉴질랜드 여행 때는 뉴질랜드 남북 섬들과 호주를 함께 여행하면서 자연의 경이로움에 놀라고 청정 지역의 아름다움에 부럽기도 하였다.

그리고 호주 New South Wales 주를 중심으로 관광을 하고 호주의 특산품인 품질 좋은 프로폴리스, 마누카 꿀, 초유, 양모 이불, 알파카 등의 제품들이 눈에 보였다.

영화 「빠삐용」에서 뛰어내린 절벽, Gap Park

Dudley Page Reserve
일몰 감상과 경관이 좋아 개인 소유지를 주 정부에 기부한 땅(자연 상태 유지).
기부한 땅의 앞과 옆 뒤에는 예전에 비해 많은 집이 건축되어 있었다.

Dudley Page Reserve에서 바라본 하버 브리지 전경

그러나 이번 세 번째 여행 때는 또 다른 시각을 가질 수 있었다. 국민의 밝은 모습과 풍요로운 나라의 자원이 보였다.

취업, 의료, 노후가 보장되고 주 4일 근무제에 정치적 혼란과 전쟁의 위협이 없다.

대신 철저한 교통 법규 준수, 납세, 법률은 반드시 지켜야 했고, 토끼의 과번식으로 인한 피해, 자연 발화 산불로 인한 재해 등은 걱정일 수 있다.

지구를 보존하는 호주

지구상 약 203개 국가 중에서 이토록 자연을 소중히 하고 보호를 위해 정책을 펴는 나라가 있을까 싶다.

환경을 오염하는 공장이 없다. 그나마 2017년엔 GM, Ford, Toyota 자동차 조립 공장도 폐쇄되었다. 양모도 700여 개의 작은 가공 공장에서 만들어진다.

산유국이지만 원유를 수출하고 정제된 휘발유 등을 수입하여 사용한다.

5대 자원인 석유, 천연가스, 철광석, 석탄, 구리를 모두 다량 가지고 있으며 또한 농업대국이다. 소고기, 양고기, 양모, 밀, 보리, 대두, 유채와 와인, 벼, 그리고 연어, 송어, 맥주, 낙농업… 이루 말할 수 없는 자원 국가이다.

아직도 개발하지 않은 땅 60% 이상에서 무궁무진한 자원이 있으니~~

우리와는 너무나 대조적이지만 우리는 순발력과 뛰어난 재능을 가져 여러 면에서 기적을 이루고 앞서가는 국가임을 자부하고 있다.

 Blue Mountains

6,000만 년 전 융기된 블루 마운틴스(서울+경기 면적의 22배)에 매장되어 있는 광물(특히 철광석, 석탄 등)과 유칼립투스에서 나오는 풍부한 산소와 향기, 그리고 강력한 유칼립투스 피톤치드의 항균 효과의 가치는 계산할 수도 없다.

그리고 이 나무는 죽어서도 150년 동안 건재하여 전봇대로도 사용한다.

철광석, 석탄 등 다량 매장지
+ 유칼립투스 나무들

◀ 유칼립투스 나무 전봇대

Port Stephens 포트스테판

40km 길이의 황금 해변과 항구도시. 사막과 바다가 공존하는 독특한 경관을 가진 곳이다.

22km × 1.7km 넓이의 사막

바다 모래가 해안에서 계속 날아와 사막은 매년 2m 정도 쌓인다. 자연의 경이로움~~

사막의 오아시스가 아니다. 홍수로 인해 아직도 물에 잠겨 있다(일부 지역).

2025년 3월 말 퀸즐랜드에 대홍수가 있었다.

단순한 지역의 십중 호우가 이닌 기후 변화가 불러온 극단적 기상이변이었다(600mm/7일).

강이 범람하고 사막이 물에 잠겼다. 10만 마리의 소, 양 등의 가축이 익사·실종되었다고 한다.

6월 9일 방문 시에도 아직도 빗물이 일부 지역엔 고여 있었다 (4~5월 샌드 보딩 불가).

대자연의 경고와 새로운 생명의 탄생의 자연~~

우리가 그렇게 화나게 했을지도~~

RSL(The returned & Services League of Australia) 호주 귀환 군인 조합

호주 방위군에서 복무(참전)했거나 복무 중인 사람들을 위한 독립적인 지원 단체이다.

휴식 공간, 레스토랑, 카페, 카지노, 볼링장 등 수준급으로 항시 제공 중이었다(식사 중이라도 18시에는 참전 용사를 위해 묵념하는 Katoomba RSL).

RSL

호주 국가와 군인께
감사를 드립니다.

1916년: 호주 제국 연맹 선원 및 군인 귀환
1940년: 호주 제국 해군, 육군 및 공군 연맹 귀환
1950년: 한국전쟁 8,407명 참전
1965년: 호주 귀환군인연맹(1990년까지)

우리나라는 6월 6일이 현충일이지만 호주는 ANZAC DAY로 4월 25일이다.

 St Mary's Cathedral(세인트 메리 대 성당)

파리의 노트르담 성당을 모델로 지은 시드니에서 가장 큰 성당이다.
1821년 건축, 1865년 화재로 소실, 1925년 재건되었다.
미사 시간을 제외하고는 항상 개방되어 있다.

성당

🧳 머레이 와이너리(Murray's Winery)

호주 최대 와인 생산지 중 하나이며 벌의 도움으로 포도가 영글고 알찬 결실을 위해 자라고 있다.

포도밭과 벌의 역할

🧳 대형 크루즈

시드니 항에 정박 중인 크루즈(Carnival Adventure Cruise)

🧳 소형 크루즈 즐기기

부두도 해안도 깨끗하고 생선 비린내도 없다.

부두에 어장을 설치하지 않는다고 한다.

 공사 중 표시판

사람/흙 대신 매장량이 풍부한 석탄을 이용하였다.

여기저기 거목이 자라는 환경

돌무화과, Ficus macrophylla, Ficus rubiginosa 등

공개하는 군함

휴일에는 일반인이 군함 갑판에 올라 가벼운 차/와인을 마실 수도 있다고 한다.

커피값은 어떤 곳이든 동일하게 AU$5.5에 판매한다(기호품 정책).

루나 파크

하버 브리지가 보이는 좋은 곳에 어린이를 위한 루나 파크가 있다. 그곳에 오징어 게임 한류가~~

 ## 저녁 뷔페를 이곳에서

RSL 클럽 입구. 이곳에서도 한국 여행객들이 식사를 하신다.

호주엔 하루 1,700여 명의 한국 여행객이 입국을 한다고 한다. 과거에 비해 연령층이 매우 낮아졌다~~

관광과 의료 분야에도 초점을 두고 있는 호주~~

파란 하늘과 신선하고 깨끗한 공기가 생각날 것 같다~~

6. 바이칼 호수 명상

영하 45도의 한겨울~~ 얼음 호수로 바뀐 바이칼 호수.
명상과 자작나무숲 걷기 명상을 하였다.

바이칼 호수에서 명상 - 옹달샘 회원

자작나무 숲 걷기 명상

인류가 40년을 충분히 먹을 수 있는 깨끗한 물을 간직한 바이칼 호수.

　에피슈라라는 아주 작은 새우 10조 마리가 연 3회 물을 정화하고 330여 개의 온천이 상하로 물을 순환하여 우리가 먹을 수 있는 생명수를 만들고, 간직하고 있으니 자연이 얼마나 고마운 일인지 감탄할 뿐이다.

　제발 정치나 국가를 떠나 지구의 보물인 호수가 잘 보존되기를 바란다.

에피슈라 새우

〈바이칼 호수〉

- 유네스코 세계 유산 지정 – 풍요로운 호수의 뜻.
- 2,500만 년~3,000만 년 전에 형성된 호수로 지구에서 가장 오래되고 가장 큰 담수호.
- 길이 636Km, 폭 20~80Km, 고도 455m, 수심 평균

744m(최대 1,642m), 면적 31,722km², 담수량 23,615km²
- 남한 면적의 1/3 크기

여정

인천에서 출발하여 몽골의 칭기즈 칸 공항에 내려 울란바토르역으로 가서 시베리아 횡단철도(Trans-Siberian Railroad) 지선을 타고 러시아 이르쿠츠크역으로 향했다(수흐바타르 몽골 국경-나우시키 러시아 국경의 통관).

긴 여정의 열차 탑승

쿠페라는 열차 내의 모습. 2층 침대로 4인이 같이 지내는 공간이다.

유속이 빨라 얼지 않는 안가라강

꽁꽁 언 이르쿠츠크 겨울 도시

달리는 시베리아 열차에서의 풍경

바이칼 호수 입구에 도착, 얼어붙은 호수 위의 배

알혼섬의 상징

드디어 알혼섬의 기를 느끼며 명상
오로지 지금 여기에서 나에게만 몰입하여 내면의 자신과 만나고 있다.

6. 바이칼 호수 명상

일출과 함께 명상 준비를

호수 위에서의 명상, 내면의 나를 찾아서

일반적으론 물질이 응고되면 부피가 줄어들지만, 물이 응고되면, 즉 얼음이 되면 부피가 늘어난다.

얼음의 밀도가 물의 밀도보다 낮아 비중이 가볍게 된다.

이 얼마나 대단한 자연의 힘인가? 호수의 물이 상층부에 얼음이 되면 부상하여 꽁꽁 언 상태로 있다가 다시 조각으로 분출된다. 물 속의 고기류가 안전히 밑에서 활동을 할 수 있어 다행이다(반대가 된다면 끔찍한 일이 된다).

〈마음챙김(다리우스 포루)〉
마음은 나가 아닙니다. 내 안에 있는 또 다른 나입니다.
그 마음을 지켜보는 것이 명상이고 마음챙김입니다.
연습과 훈련이 필요한 일입니다.
그 훈련을 할 때만이 자신의 마음을 다스릴 수 있습니다.
다른 사람이 대신해 줄 수 없는 영역이기도 합니다.
그 훈련의 결과가 마음의 평온함을 얻는 것입니다.

카메라 배터리가 -45도의 추운 날씨로 3배 이상 빠르게 소진되었다.

호수의 물이 얼음으로 그리고 그 얼음이 위로 분출하여 각기 다른 거대한 얼음 무리 조각 세상을 만든다.
너무나 아름다워서 에메랄드 얼음이라고도 한다.

대자연의 모습… 표현할 말이 생각이 나지 않았다.

꽁꽁 언 얼음 호수 위에 눈이 쌓여 있다.

 자연과 하나가 되어 호흡을 할 수 있었고 온전한 나를 볼 수 있는 시간이었다. 호흡은 내 몸의 일부이다.
 호흡은 살아 있음을 경축하는 멋진 축제이다.

명상 회원과 함께

산란한 마음을 가라앉히기 위해 몸을 조정해야 하고 몸을 조정하기 위해 마음을 가라앉혀야 한다.

호흡이 고르면 마음이 편안해지고 하나로 모아진다.

깊이 자연을 마음으로 보는 시간을 갖는다.

나 역시 자연이다.

7. 최초의 자연 치유 블레드(슬로베니아)

    1855년 처음으로 자연 치유를 도입한 곳인 슬로베니아를 다녀왔다.
    치유에 적합한 자연적인 배경과 온천 등 그때의 사진도 함께 소개한다.

블레드 호수에 있는 블레드 섬
아침 안개로 교회가 더욱더 정겨워 보였다.

호수의 배에서 찍은 블레드 성

호수에서 130m 높이에 건축되어 있는 블레드 성 사진

블레드 성 내부

자연 치유를 처음 시행한 Arnold Rikli

7. 최초의 자연 치유 블레드(슬로베니아)

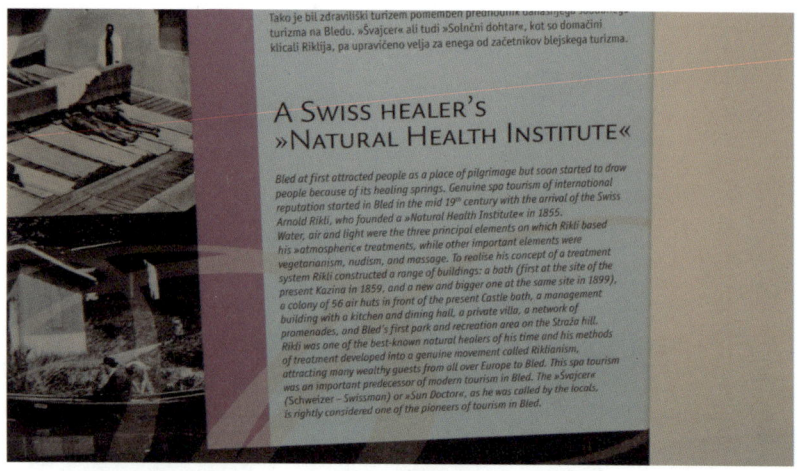

1855년에 시행한 자연 치유에 관한 내용들이 소상히 적혀 있다.

블레드 지역은 처음에는 성지순례 장소로 많은 이들을 끌었지만, 점차 힐링 온천으로 유명해졌다.

스파 관광업이 세계적으로 유명해진 것은 19세기 중반에 블레드에서 시작되었는데, 이는 1855년 자연 건강 연구소(Natural Health Institute)를 창립한 스위스인 아놀드 리클리가 시초이다.

리클리의 atmospheric 치유는 물(자연수와 온천), 공기(신선한 산소), 빛(햇빛)이라는 세 개의 기본 요소를 바탕으로 하고, 채식주의(컬러 푸드), 누드주의(일광욕/풍욕), 마사지(혈액순환/림프순환) 또한 중요한 요소로 꼽는다.

치유 시스템 개념을 실현하기 위해 리클리는 여러 건물을 건축했다.

 **목욕 시설**

   현재 카지나에 위치한 첫 건물은 1859년에, 추후에 좀 더 크게 1899년에, 현재 Castle hut 앞에 위치한 56개의 air hut, 부엌과 식당이 포함된 관리 건물, 개인 빌라, 여러 개의 산책로, 블레드의 첫 공원 및 스트라자 언덕 위의 레크리에이션 부지 등이다.

   리클리는(Arnold Rikli) 당시에 가장 잘 알려진 자연 치유자였고, 그의 치유 방법은 리클리아니즘 운동으로 발전하여 전 유럽에서 많은 부유한 손님을 블레드로 불러들였다. 이 스파 관광업이 현재 블레드 관광업의 중요한 선구자였다.
   스와이저(스위스 사람이라는 뜻) 또는 '태양 의사'라고 현지인들에게 불리던 리클리는 블레드 관광업의 개척자로 여겨진다(상기 괄호 안은 현대의 치유 용어로 의역하였다).

   태양 의사란 1억 5천만 km를 날아온 녹색 에너지이자 영양제인 햇빛과 햇볕으로 건강을 회복하여 붙은 이름이며, 햇빛은 생명의 근원이며 비타민 D의 생성, 생체 리듬, 신진대사, 호르몬 분비와 직결되고 있다. 특히 숲속의 햇빛은 자외선의 양이 조절되어 세로토닌 분비를 활성화한다.

   옛날 14세기 유럽의 페스트 유행 시에 햇빛으로 소독을 하였고, 나이팅게일의 크림전쟁 때도(1853~1856) 햇빛으로 부상병을 치유하여 효과가 입증이 되었다.
   그리고 18~19세기에는 햇빛의 효능이 과학적으로 검증되면서 일광욕에 치료 효과가 있음이 실증되었다.

숲속의 신선한 산소(농도 22% 수준)를 마시며 일광욕하는 모습

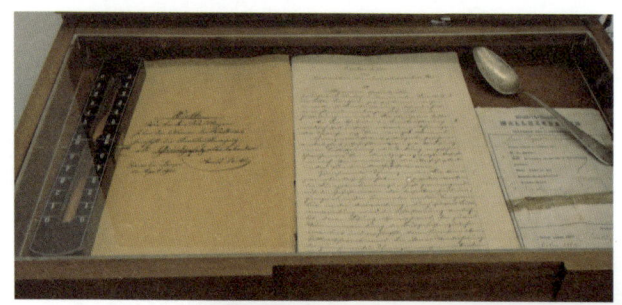

온천의 뜨거운 물을 이용한 스파
즉, 체온 1도를 올려 면역체를 높이고 혈액의 흐름을 원활하게 하고
신진대사 작용을 활성화했던 도구

체코의 티토 대통령이 머물렀던 별장이며 지금은 호텔로 사용하고 있다. 호수를 보면서 힐링하는 휴양지라 인기가 높다.

자연 치유 장소 옆을 흐르는 사바강의 상류 지점

"햇빛이 없으면 건강도 없다. 모든 물질은 태양 에너지를 품고 있다. 생명력과 면역력의 주요 요소가 햇빛이다." <안드레아스 모리츠>

제7장
파크골프와 건강

1. 파크골프는 행복지수 최고의 종목이다
2. 파크골프 해외구장

1. 파크골프는 행복지수 최고의 종목이다

문체부와 체육진흥공단
재정 후원 사진임

Park Golf는 골프를 재편성한 스포츠이며 공원이나 녹지 공간에서 즐기는 축소판 골프 게임이라고 말할 수 있다.

골프와 달리 배우기가 쉽고 재미있고 저렴하고 안전하며 남녀노소 모두가 함께 즐길 수 있는 특징을 가지고 있다.

골프의 14개 클럽 대신 Loft 90도의 파크골프클럽 하나로 모든 경기를 한다.

어찌하여 파크골프가 행복지수 최고의 종목이 될까?

행복은 삶에서 기쁨과 만족감을 느껴 흐뭇한 상태라고 사전에는 표시하고 있다.

행복을 만드는 기준과 만족감, 대상은 다를 수 있지만 행복할 때는 반드시 분비 기관에서 행복 호르몬이 분비된다. 행복해지기 위해선 그 호르몬이 분비되는 상황을 만들면 된다.

즉, 타인에게 감동을 주는 선행이나 봉사, 기쁜 일, 성취감 등이 이루어지면 가능하다.

그 행복 호르몬은 안정적인 상태에서 분비되는 세로토닌이 대표적이다.

장관에서 약 80%, 뇌에서 약 20% 정도 분비가 된다(뇌 1억 개 뉴런, 장 5억 개 뉴런 분포).

동의보감에 '장청뇌청(腸淸腦淸)'이라는 말이 있다. 장이 편하고 깨끗하면 뇌와 연결된 신경을 통해 뇌 또한 편하고 맑아지는 현상을 말한다.

장이 편하고 깨끗하면 건강한 상태가 되며 세로토닌 분비도 많아진다. 그러면 더욱 행복해지고 신체 기능도 좋아지고 의욕적이고 창조적인 사람이 된다.

그러려면 산 음식(살아 있는)을 먹고 죽은 음식은 멀리해야 장이 좋아진다.

산 음식은 효소와 수분과 산소가 함유된 과일과 채소이다. 유익균이 많은 청국장, 동치미 등을 먹고 규칙적인 배변과 면역력 증진을 위해 배를 따뜻하게 해야 한다.

또한 육류 단백질은 50g/일 정량만 섭취하고 오메가 3 계열의 좋은 지방을 먹고, 음식은 야식이 아닌 태양의 주기에 따른 식사 시간에 알맞게 섭취해야 한다.

죽은 음식은 설탕류를 입힌 육식에 고열의 용제 식용유로 튀긴 음식이나 산성 식품, 정제 설탕과 포화지방이 과하게 혼합된 식품이 대표적이다.

자연이 아닌 공장에서 형체를 변형하고 유해 첨가물로 버무린 식품들은 장을 매우 불편하게 한다. 아니, 괴롭혀 병을 유발하게 한다.

3S

그럼 파크골프와 세로토닌 호르몬의 관계를 설명하겠다.

세로토닌 호르몬은 아래의 3가지 요소(동시 활동)에 의해 왕성하게 분비된다고 이 분야의 전문가인 힐리언스 선마을 촌장이자 의학 박사인 이시형 박사는 밝히고 있다.

1) Sun(태양)
2) Sports(Rhythmical, 리드미컬한 운동)
3) Suit(좋아하는 일, 취미, 즐기는 운동)

1) Sun(햇빛과 햇볕)

파크골프는 공원이나 강변 녹지 공간에서 잔디를 밟고 신선한 산소를 들이켜며 동반자와 함께 1억 5천만 km를 날아온 녹색 에너지를 맞이한다. 즉, 우리에게 햇볕 샤워를 해 준다.

양의 기운이며 비타민 D를 합성하도록 하며 인지 기능을 향상시키고 염증 억제와 혈관의 탄력성을 높여 혈액순환이 촉진되고 노화를 억제시킨다.

물론 많은 양의 자외선이 눈과 피부에 트러블을 줄 수도 있지만, 모자와 선글라스, 자외선 차단제 등을 이용하여 보호하면 된다.

2) Sports(Rhythmical Sports, 리드미컬한 운동)

파크골프는 리듬이 있는 운동이다.

심리적으로 스트레스를 강하게 주는 운동이나, 몸과 몸이 부딪치는 격한 종목, 상대와 직접 겨루어 승패를 결정하는 운동이 아니다. 동반자와 함께 즐겁게 라운드하며 자신의 마음을 조절하고 자신이 가지고 있는 기량을 최대한 발휘하는 운동이다. 그리고 경기 후 각자의 스코어와 동반자의 스코어를 비교하는 운동이다. 즉, Communication 스포츠이다.

자세도 홀의 공을 줍기 위해 앉았다 일어섰다의 하체 운동과 샷의 순서인 그립을 잡고 스텐스를 취해 목표 방향을 설정하고 몸을 정렬한 후 어드레스와 스윙과 퍼팅으로 이어지는 과정에서 뇌 활동이 왕성해진다. 어떤 운동보다도 율동적이고 재미가 있다.

스윙 또한 강하게 하는 스윙(파5, 100~150m)과 중강도의 스윙(파4, 60~100m)과 약하게 조절하는 스윙(파3, 40~60m)으로 근지구력과 심폐 기능력 향상, 유연함을 이끌어 낸다.

36홀 기준으로 약 2.7Km를 2시간 정도로 걸으면서 6천 보를 나도 모르게 걸으며 혈당도 조절되고 지방 분해와 관절을 강하게 해 준다.

걷기에서의 장점을 고스란히 덤으로 가진다.

담소하고 배려하고 규칙을 준수하여 즐거움을 주는 리듬 운동이다. 여건이 맞는 곳에 거주하고 있다면 하루에 최소 72홀(6㎞, 만보, 4시간) 정도는 기본으로 운동할 수 있다.

뇌가 운동화를 신을 때, 즉 『운동화 신은 뇌』의 저자인 존 레이티 교수는 "정신은 신체에 영향을 미치고, 신체는 정신에 영향을 미친다."라고 하며, 신체와 정신은 하나라는 이론을 바탕으로 네이퍼빌의 혁명적인 0교시 체육수업(운동장 달리기 걷기 등)을 통해 1만 9천 명의 네이퍼빌 학생들을 전국에서 가장 건강한 청소년으로 만들었다. 파크골프를 통해 기분 좋게 움직이고 활동하고 운동하면 스트레스받고 피로에 지친 뇌가 살아나며 뇌를 젊어지게 할 수 있다.

파크골프는 항상 가벼운 운동화를 신고 운동한다.

우린 언제나 운동할 준비가 되어 있다. 차 트렁크에 하나의 골프 클럽(86cm, 600g)과 하나의 공(직경 6cm, 무게 600g) 그리고 운동화만 있으면 가까운 구장으로 향한다.

예약과 동반자도 필요 없다. 그곳에서 친구들을 만나고 함께 리듬 있는 운동을 하는 최대의 장점을 갖고 있다.

3) Suit(어울리고 잘 맞는 일, 취미, 재미있는 운동)

파크골프는 너무나 재미가 있다. 어제와 오늘이 다르게 점수가 나온다. 그래서 더 흥미롭다. 전국의 410여 구장은 모두 다르게 조성되어 있어 흥미롭다.

區/郡의 동우회를 통하여 수백 명의 친구가, 市/道 협회를 통하여 수천 명의 친구가 만들어진다. 사회적, 문화적 네트워크가 형성되고 새로운 역할도 주어지고 생활 기능이 향상되고 삶의 질이 향상된다.

특히 신 중년기에 적합하고 어울리고 잘 맞는 운동이다.

매월 개최되는 경기에는 수백 명이 출전하여 새로운 친구들을 만나 인사하고 나를 가늠해 보는 기회도 된다.

그래서 더욱 더 파크골프를 하게 한다.

즐겁게 내일을 기대하기 때문이다.

파크골프 운동은 상기의 3S 요소를 동시에 충분히 자극하는 최고의 운동이며, 가장 많이 세로토닌 호르몬을 분비할 수 있는 운동이다.

그리고 밤에 잠을 잘 잘 수 있다. 세로토닌의 양에 비례하여 멜라토닌 호르몬이 분비되어 숙면을 하게 되고 면역력이 강해지고 아침이 오면 나를 기다리는 파크골프장으로 향한다.

그래서 운동하고 세로토닌 호르몬이 분비되고 행복해진다. 동반자도 역시 행복하다.

이제 어떻게 행복 호르몬인 세로토닌이 생성되는지 설명하겠다.

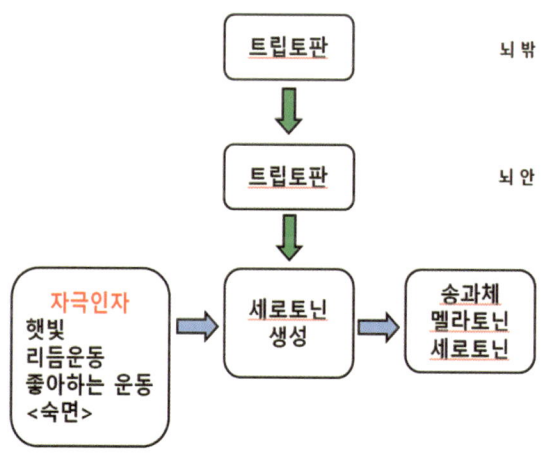

출처: 힐리언스 선마을 HI-LIFE 과정

다음은 세로토닌 호르몬의 생성에 필요한 음식 재료를 설명하겠다.
우리의 약 60조~100조 개의 세포들이 가장 원하는 것은 내 몸에 독소를 넣지 않는 것과 입만 좋아하는 식품을 되도록 멀리하는 것이다.

우리가 매일 먹는 트립토판 단백질과 포도당과 비타민 B-6 등이 행복 호르몬을 만드는 식품 재료이다.

출처:아리타 세로토닌 단련 2005

신 중년기인 65세 이후에 파크골프보다 더 좋은 운동이 어디 있을까 싶다.
오늘도 파크골프장으로 가서 3S의 자극을 받고 행복 호르몬을 만들어 적어도 90세까지는 건강하게 운동을 할 수 있도록 하자.

서울대학교 최인철 교수의 마음행복론에 의하면 행복에는 3대

영양소가 필요하다.

　사유와 유능(능력)과 관계가 잘 형성될 때 삶의 에너지가 되며 행복해진다. 또한 신체활동을 할 때(운동과 산책) 흥미와 의미가 최고점이 되며 더욱 행복을 느낀다고 한다.

　파크골프는 또 다른 3대 마음적 요소를 모두 갖고 있는 종목이다. 2025년 기준 시니어 인구는 20.3% 약 1,050만 명이다.
　시니어가 되어 가고 싶은 곳에 항상 갈 수 있고, 내가 먹을 수 있고, 웃을 수 있는 신체적 마음적 건강을 갖는 것이다.
　즉, 편히 걸을 수 있는 것은 축복이다. 아울러 무릎 관절이 튼튼해야 한다.

 자유롭다

　파크골프는 항상 잔디 위를 자유롭고 즐겁게 걷는다. 무릎이 보호되고 튼튼해진다. 이보다 좋은 체육 종목이 있을까?
　정신적 어떤 억압도 통제도 없다. 골프처럼 4명의 조를 반드시 구성할 필요도 없고, 골프장에 가기 위해 몇 시간 운전할 필요도 없고, 예약을 꼭 해야 하는 것도 없다.
　몇천 원이면 종일 자유롭게 자연과 함께 나무와 잔디와 풀과 모래 등의 장애물을 통과해서 스윙하면서 걸으면 된다.

 유능하다(능력이 있다)

　처음 입문을 하여도 3~6개월이면 기본적인 라운드를 할 수 있다. 2~3년이면 프로 골프 선수처럼 매번 버디를 노리고 파는 기본이다.

자신의 유능함을 느끼게 해 주는 운동이다.

그렇게 만들어진 종목이기도 하다.

관계 유지

가장 좋은 것이 수백 명 이상 친구가 형성된다는 것이다.

매일, 매주, 매월 모임이 있다. 더불어 격의 없는 동호인이 전국에 있다. 아울러 지속적으로 생각나게 한다.

구장을 떠난 후에도 왜 그 장소에서 OB를 냈을까, 누워서도 전 코스를 돌 수 있을 정도로 관심을 갖는다.

내일은 누구와 같이 플레이를 할까 기대하게 한다.

지속적인 관계와 행복을 느끼게 하는 종목이다.

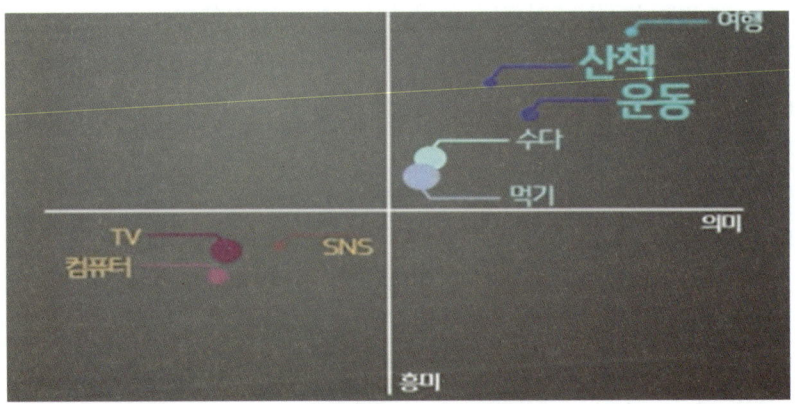

출처: 서울대학교 행복센터

걷는 동안 척추와 목을 바르게 하고 어깨를 펴면 신경이 잘 통하고 림프 순환이 잘된다. 그러면 건강과 젊음, 두 마리 토끼를 잡을 수 있다.

파크골프는 신체적, 심리적 행복지수 최고의 종목이라고 거듭 분명히 밝힌다.

신체별 건강을 주는 파크골프

기원전 460년에 태어나 90세까지 장수하신 현대의학의 아버지인 히포크라테스는 예방 의학에 대해서도 강조를 하셨다.

"인생에서 가장 귀중한 것은 건강이다.", 그리고 "건강에 가장 좋은 운동은 걷기이다."라고 말씀하셨다.

걷기가 좋은 운동임에는 틀림없다. 그러나 꾸준히 하기가 쉽지 않다. 그런데 그 시대에 파크골프가 있었다면 "건강에 가장 좋은 운동은 파크골프이며 특히 중장년층에는 필수적 운동이다."라고 하였을 것이다.

걸어도 또 걷는다. 나도 모르게 즐겁게 걷는다.
내일도 걷고 싶다. 이것이 파크골프의 선물이다.

건강과 행복지수가 최고인 파크골프 종목을 전 국민에 널리 알리고 구장을 건설하여 의료비도 줄여야 한다.

무엇보다 잃어버린 10년을 병원이나 요양원에서 보내고 나머지

하나 남은 집을 담보로 병원비를 지불하는 일이 없어야 한다.

그 해답은 살아 있는 음식을 먹고 파크골프를 하는 것이다.

1) 하체

파크골프는 잔디 위를 항상 걷는 운동이기 때문에 일반 걷기와는 다르게 무릎과 발목에 무리를 주지 않고 오히려 개선이 되는 사례가 많다.

36홀 기준 약 5,000보 이상을 걷기에 두 번을 라운드하면 10,000보를 재미있게 걷는다. 그래서 종아리 근육이 펌핑 작용을 하여 혈액순환과 림프순환이 잘되어 건강이 증진된다.

2) 상체

매번 샷을 할 때 상체를 좌우로 틀어서 하기 때문에 장 운동이 되어 소화·흡수·배설에 큰 도움이 된다.

기본적인 근력이 생겨 일상생활을 자유롭게 할 수 있다.

쉬는 날은 근력운동을 조금 하면 큰 도움이 된다.

3) 두뇌

10,000보를 걸으면서 어떻게 샷을 할 것인가, 어떻게 공략을 할까, 조금 전 왜 그렇게 샷을 했을까, 오늘은 몇 타를 칠까 등 계속 생각을 한다. 뇌가 즐겁게 활동한다.

뇌의 신경세포가 활성화되어 시냅스의 접촉과 연결에 도움을 주어 뇌가 젊어진다. 또한 치매를 예방할 수 있게 뇌 속의 노폐물인 타우 단백질과 아밀로이드 베타 단백질의 배출을 돕는 깊은 숙면을 유도할 수 있다.

4) 오감

파크골프는 오감을 자극한다. 그래서 신경이 젊어지고 내 몸이 되살아난다. 눈은 계속 4개의 공을 바라보며 코스를 에이밍한다.

함께 기뻐해 주고 안타까워해 주기도 한다. 초록의 잔디와 나무들을 바라보면서 눈은 즐거움을 동반한다.

코는 신선한 공기를 흡입하고 이산화탄소와 휘발성 노폐물을 배출한다. 향기로운 냄새를 맡고 계절을 느낄 수 있다.

입은 나이스 샷도 외치고 따뜻한 말로 서로를 보듬어 준다.

귀는 새소리, 바람 소리, 댕그랑 소리, 즐거워하는 동반자의 기쁨과 아쉬움의 소리도 듣는다.

파크골프 클럽에 전해지는 촉감은 그날의 스코어와 연결된다. 잘되는 날이면 감이 와서 차곡차곡 쌓인다.

뇌의 중추신경과 말초신경의 운동신경과 감각신경이 연결된다. 최고로 뇌를 자극한다. 바른 자세와 충분한 산소 공급과 오감의 자극으로 젊은 신경을 만든다. 그 요소들이 파크골프에 있다.

5) 노화를 늦춘다

노화를 늦추는 방법을 한의학에서도 알려 주었다.

❶ 전신을 동시에 움직여야 한다.

이는 기혈순환과 림프순환을 원활히 하기 때문이다. 그래서 대사작용도 증진된다. 파크골프는 당연히 이 동작들로 이루어져 있다.

❷ 오래 할 수 있는 저강도 운동

　오래의 의미는 3시간 정도의 시간이다. 파크골프의 라운드의 기본 시간이 2~3시간 혹은 그 이상이다. 그리고 저강도이다.

　여러 근육과 인대, 관절 모두 동원되는 저강도 운동이다.

❸ 근육이 좋아져야 한다.

　나이가 들수록 근육이 빠진다. 그래서 우린 2~3일에 하루는 파크골프로 근육을 자극하여 좋아지게 하고 다른 하루는 집이나 클럽에서 근력 운동을 하기 바란다.

　비거리를 내려면 기초 근육이 필요하기 때문이다. 아니면 텃밭이나 가벼운 농사로 근육을 좋아지게 하는 생활을 한다.

6) 원주의 A 산림원 입구의 돌에 새겨진 문구가 있다

　"산은 종합병원이요 당신의 두 다리는 의사입니다."

　정말 좋은 문구이다.

　"나는 파크골프 운동도 종합병원이요 우리의 두 다리는 의사입니다."라고 자신 있게 말씀드린다.

　파크골프를 시작하여 치유되고 질병이 나은 사례는 너무나도 많다. 무릎 통증, 당뇨병, 심장질환 등이다. 물론 산 음식을 먹어야 한다. 몸이 나아져도 음식을 바꾸지 않으면 재발된다.

참고: 마이오카인 Myokines

운동 시 근육이 수축될 때 분비되는 특정 물질 호르몬이다.

이는 BDNF(뇌유래신경영양인자)를 분비케 하여 기억력과 뇌세포를 성장시키고 심혈관 개선과 당뇨병 예방에도 도움이 된다. 아령으로라도 근력 운동하시길 적극 권장한다.

보건복지부 자료에 의하면 2024년 전체 건강보험 진료비가 116조 2509억 원이며, 이중 65세 이상의 시니어 비율이 44.8%인 52조 1221억 원이다.

그리고 2024년 12월 23일부로 65세 이상 시니어 인구가 1024만 4550명이 되어 초고령사회(전체 인구의 20%)로 진입하였다. 갈수록 의료비는 늘어날 것이라 예상하고 있다. 열악한 파크골프장 구장을 대폭 늘려 건강을 회복하고 즐겁게 활동하게 하는 것이 답이라 생각한다.

2. 파크골프 해외구장

 오키나와현 구메섬(久米島)

　추운 겨울에는 야외 운동(파크골프)을 하기에는 제한적인 요소가 많다.
　그래서 따뜻한 남쪽이나 기후가 좋은 다른 나라로 간다.
　일본의 규슈 지방 미야자키도 좋고, 아름답고 재미있는(까다로운) 파크골프장을 가진 오키나와 서쪽에 있는 구메지마라는 섬으로 가기도 한다.

〈구메지마 바다 옆 파크골프장~~ 1월임에도 녹색의 잔디〉

손님을 맞을 준비가 되어 있는 그곳은 오키나와에서 프로펠러 비행기로 약 30분을 더 가야 한다. 갈 만한 가치가 있는 곳이라 생각된다.

오키나와에서 구메지마섬으로 가는 경 비행기

길이 500m/9홀 기준이지만 구장 디자인이 특별하여 쉽지는 않다. 멀리 강하게 샷을 하는 우리에겐 거리와 곡선의 라이를 잘 이용해야 좋은 점수가 나오는 구장이다.

36홀로 구성되어 기다림이 없고 야자수를 보고 걸으며 Up, Down이 적절하게 있는 페어웨이를 지나야 그린에 도착한다.

그곳에서 현지 분들과 친선경기도 하고 저녁엔 만찬과 음악으로 재미있는 시간을 가지기도 한다.

야자수와 나무가 홀의 경계선이며 옆 홀로 가도 OB가 아니다.

　코스는 공격자인 우리를 방어하고 방해하기 위해 생물과 무생물로 구성되어 있다. 깊은 러프와 굽은 코스와 바라보이는 지름길엔 나무와 물이, 그리고 바위와 모래 벙커가 항상 기다리고 있다. 바다를 보며 샷을 할 때의 기분은 느껴 보신 분들은 아실 것이다.
　야자수가 곳곳에 서 있고 좀 떨어진 곳에 사탕수수 숲도 보인다.

　특별한 그곳에서 종일 라운드만 할 수는 없다. 또 다른 경험을 위해 배를 타고 바다 가운데로 가서 물고기들이 편히 살고 있는 광경을 본다. 그런 후 산호(모래) 섬이 나온다. 모두 내려 뛰어다닌다.
　조개껍데기도 몇 개 줍고 웃는다. 모두가 친구가 된다. 자연이 그렇게 하나로 만들어 주었다.

신문에도 알린다~~~

일본에는 백만 명의 회원과 1,200여 개의 18홀 이상의 구장이 즐비하다.

우린 이제 40만 명(비회원 포함) 정도에 400여 구장이 있다. 규모도 작아 9홀이 주축이다.

일본 후생성에서 신기할 정도로 의료비가 적게(30% 정도) 나오는 지역이 있었다. 동일 여건의 도시와 비교해서였는데, 그래서 조사를 하였다.

바로 시민들이 아침이면 벤또(도시락)를 들고 어딘가 가서 모였다. 그리고 즐겁게 운동하고 같이 점심을 먹는다. 또 오후에 라운드를 하고 헤어진다.

그게 의료비를 대폭 낮추어 주었다. 건강의 비결, 파크골프가 그렇게 만들어 주었다.

마크베츠 경기 전 로컬 룰 듣기

매년 열리는 국가별 시합
일본에 상주하면서 파크골프를 즐기는 분들의 국적 포함(북해도 마크베츠)

최초 탄생지인 마크베츠 구장

북해도에 있는 A 파크골프장

해안을 낀 미야자키 파크골프장

🧳 태국

태국은 4번째 파크골프장을 가진 나라이다(일본, 한국, 캐나다, 태국, 중국 순서) 1~2년이 지나 여러 면에 정착이 된 곳이다.

더 넓은 코스에 난이도도 있고 잔디는 아주 좋다. 여러 종류의 잔디가 코스마다 조금씩 다르다.

스펀지 같은 잔디, 뿌리가 엉켜 있는 잔디, 깊은 러프 잔디 그리고 좁은 페어웨이 등…. 이슬이 내린 상태에서 물까지 뿌려서 오전엔 도대체 공이 앞으로 나가지 않는다.

바나나가 우릴 반긴다(태국)

우리나라 잔디와 달라 120% 정도 이상은 샷을 해야 어프로치가 되지만, 기존에 익숙한 거리에 대한 근육이(뇌의 운동신경) 거부할 때가 많았다. 며칠 연습으로 우승은 힘들었다.

더운 나라에서 어떻게 운동을 할까 궁금하였다.

새벽 4시에 라이트를 켠다. 일출이 6시 반경이니 2시간은 시원하게 즐기게 꾸며져 있다.

저녁을 먹고 밤 10시까지 또 라운드를 한다. 이때도 덥진 않다.

새벽 5시의 파크골프장. 야광 볼은 필수!

한국인의 강한 도전의식과 저력이 보인다. 적응하고 즐기고 쉬고 운동을 한다.

더운 날씨라 한낮에도 잔디에 물을 준다. 그 시간엔 우린 멀지 않은 유명지로 가서 그 나라의 문화를 접해 본다.

이렇게 식사도 같이하고 라운드하고 저녁에 시원한 맥주를 마시면서 간단한 세상사 얘기를 주고받으면 어느새 가까워진다.

그늘막이 필요하다.

1) 눈을 보호하자

인체와 파크골프 라운드와 연관된 몇 가지를 말씀드리면, 야외 활동(라운드)을 할 때 많은 분들이 피부에는 신경을 많이 쓰고 있다.

그런데 눈은 대체로 방치하는 경우를 본다. 눈은 목숨 다음으로 소중한 내 인생의 동반자이다.

장시간 빛에 노출되면 피로감과 손상을 야기할 수 있다. 반드시 골프용 선글라스를 착용하길 바란다. 일반 선글라스는 라이도 거리도 선명하게 측정되지 않지만, 골프용은 프로 골프 선수들도 착용한다.

빛은 자외선과 LED를 가장 조심해야 한다. 20분간 가까운 곳을 응시하면 20m 멀리 20초 동안 보아 눈에 휴식을 주어야 한다 (20-20-20 규칙).

골프용 선글라스

2) 미세(초미세) 플라스틱을 먹지 말자

미세 플라스틱의 유해성은 이미 잘 알려져 있다. 파크골프를 하면서 우린 페트병에 담긴 물을 볼 포켓에 넣고 걸으면서 마신다. 장시간 햇빛에 노출되어 페트의 유해 성분이 녹아 나와 있고, 또한 입속의 세균 또한 담길 수 있다.

작고 가벼운 보온병이 있다. 그곳에 물을 담아 사용하길 강력 권장한다.

특히 여름에 냉동실에 있었던 페트병을 그대로 볼 포켓에 넣어 얼음 반 물 반으로 마시는데, 가장 나쁜 경

경량 보온병

우다. 물병이 얼고 녹는 과정에서 많은 미세 플라스틱이 발생한다.

3) 해외 구장 라운드 시 유의할 점

모처럼 마음껏 라운드할 수 있는 여건이 주어졌다.

오전에도 오후에도 심지어 저녁에도(야간 시설 있는 경우) 종일 샷을 한다. 며칠을 쉼 없이 라운드를 하면 인대와 관절에 반드시 무리가 온다. 자기 체력에 맞게 라운드하기를 바란다. 외국엔 150~175m 코스도 여럿 있다.

4) 음식

한곳에 머물면서 운동하는 그룹인 경우는 100여 명이 함께 식사를 한다.

가공식품과 조미료를 되도록 적게 사용하고 깨끗하게 조리하는 곳을 선택하길 바란다.

2. 파크골프 해외구장

마치면서

내가 성장한 환경은 지금과는 많이 다른 세상이었다.
요즘처럼 지식뿐 아닌 개인의 생각을 인터넷으로 공유할 수 있는 세상과는 다른 시대였다.

그래서 나의 경험과 나의 감정을 정리하여 글로 써 본다는 것은 나에게는 새로운 도전이었다.

외국에서 17년을 보낸 후 귀국을 해 보니, 주변에 너무 많은 분들이 질병으로 고통받고, 병원 약을 한 꾸러미씩 들고 다니셨다. 나는 결코 "잃어버린 10년, 그리고 잃어버릴 10년"을 갖지 않겠다고 다짐했다. 그리고 나뿐 아니라 주변의 많은 분들에게도 바른 생활습관을 통해 질병에서 벗어나고 아름다운 노후의 인생을 맞이할 수 있는 도움을 드리겠다고 마음먹었다. 유명한 배우 오드리 햅번도 자녀에게 이런 글을 남겼다고 한다. "나이가 들면 한 손은 나를 위해, 다른 한 손은 남을 위해 봉사하라."

먼저, 나부터 배움과 실천이 필요하였다.
늦은 나이지만 보건보완의학대학원(자연치료학)에 입학했고, 건강 책을 수백 권 읽기 시작했다. 가장 중요한 생활습관과 나의 먹거리를 90% 바꾸었다.

5년의 준비 끝, 새로운 몸과 마음으로 나는 강단에 서게 되었고, 많은 시니어 분들과 청소년들에게 내가 터득한 배움을 전달하고 도움을 드리며 인정받게 되었다.

　시니어로서 건강하고 행복한 삶을 유지하고 또 치매를 멀리하기 위해 정말 중요한 것은 계속해서 오감을 자극하고, 바른 자세를 갖고 바른 먹거리를 섭취하는 것이다.

　그리고 그 중심에는 여행이 있다. 그리고 그 여행 후 스스로 후기를 남기는 것도 중요하다. 평소에 쓰지 않는 뇌의 부분들을 작동시키고, 신경회로를 확장시킬 수 있다.

　2024년 1월, 말레이시아 한 달 살기를 떠나기로 했을 때, 한 지인의 한마디가 잊히지 않았다.
　"좋은 후기 기대합니다."
　그 한 마디가 동기가 되었고, 나를 변화시켰다.

서툴지만 해 보자, 후기를 쓰고, 공유해 보자.

그래서, 여행 중 경험을 하나씩 후기를 써 보고, 사진도 저장하며, 블로그에도 기록하게 되었다. 아직은 50여 편이지만 나에게는 하나하나 소중한 글이었고, 여행의 경험을 계속해서 되새길 수 있는 집중력을 주었고, 주저함을 떨치게 해 주었고, 새로움을 가져다 주었다.

글을 쓰기 위해서는 다른 노력들도 필요했다.
그 내용이 정확한 사실인지 확인해야 했고, 현지의 상황과 미래의 방향까지 고려해야 했다. 더 많은 자료를 찾아야 했고, 그 시간의 노력이 나를 더 성장시켰다. 아울러 시력을 보호하기 위해 당류를 제일 먼저 멀리하고 항산화 물질을 가까이하였다.

그렇게 준비한 지난 18개월간의 여행 후기 외에도 과거 바이칼 호수에서의 겨울 명상 경험과 최초의 자연 치유 장소였던 블레드 방문기도 같이 넣었다. 또한, 별도로 작성한 '파크골프와 건강'글도 같이 편집을 하였다.

밝은 에너지를 널리 전하는 사람, 그리고 더 많은 분들에게 조금이나마 지식을, 즐거움을, 생활 습관을 바꿔 보자는 의지를 전해 드리고 싶다.

다음 달에도 해외에서 20일 살기가 예정되어 있다.
계획을 할 때 엔도르핀이 가장 많이 분비된다고 한다.

삶이 감사하고 즐겁다.

세상과 나를 경험하는 곳
새로운 그곳이 우릴 기다리고 있다
함께 건강을 위해 방구석을 탈출하자

액티브 시니어 이진호

액티브 시니어의 방구석 탈출기

1판 1쇄 발행 2025년 10월 17일

지은이 이진호

교정 신선미   편집 이새희
마케팅·지원 이창민

펴낸곳 (주)하움출판사   펴낸이 문현광

이메일 haum1000@naver.com   홈페이지 haum.kr
블로그 blog.naver.com/haum1000   인스타 @haum1007

ISBN 979-11-7374-186-9(03980)

좋은 책을 만들겠습니다.
하움출판사는 독자 여러분의 의견에 항상 귀 기울이고 있습니다.
파본은 구입처에서 교환해 드립니다.

이 책은 저작권법에 따라 보호받는 저작물이므로 무단전재와 무단복제를 금지하며,
이 책 내용의 전부 또는 일부를 이용하려면 반드시 저작권자의 서면동의를 받아야 합니다.